Pfarrer Winfried Pietrek

Schwester Maria Anja Henkel

Große Europäer

Pfarrer Winfried Pietrek

Schwester Maria Anja Henkel

Große Europäer

Herausgeber:
Joachim Siegerist

1. Auflage November 2021

Alle Rechte bei:
WPR Wirtschafts- und Verbands-PR GmbH
Beethovenstraße 60 · 22083 Hamburg
Telefon: 040 – 298 10 390 · Telefax: 040 – 298 22 240

Druck:
SZ-Druck & Verlagsservice GmbH
Urbacher Straße 10, 53842 Troisdorf

Gestaltung des Umschlags:
Murat Temeltas

ISBN: 978-3-910087-24-8

Inhalt

Liebe Leser!

Drei Quellen haben Europas Kultur vor allem geprägt: Das Christentum, die griechische Philosophie und das römische Recht. Am meisten jedoch der christliche Glaube. Mit Kaiser Karl d. Gr., der im Jahr 800 in Rom durch Papst Leo III. zum ersten christlichen Kaiser gesalbt wird, beginnt das christliche Mittelalter. Das Heilige Römische Reich Deutscher Nationen wird in den folgenden Jahrhunderten entstehen, getragen von dem gemeinsamen Bemühen von Papst und Kaiser um ein gottgefälliges Europa. Kathedralen wachsen empor, Orden sorgen für die Anbetung GOTTES und versorgen Kranke in Hospitälern. Große Theologen der Scholastik untermauern den Glauben an den Dreieinen GOTT wissenschaftlich. Universitäten entstehen. Durch die Frömmigkeit von Volk und Fürsten können mittels des Rittertums und des Rosenkranzgebetes islamische Völker mehrfach von den Grenzen Europas abgewehrt werden. Erst mit der Entdeckung Amerikas 1492, dem Auftreten Martin Luthers 1517 und durch die Philosophen der Aufklärung im 17./18. Jahrhundert treten säkulare Ordnungs-Vorstellungen in die Gesellschaft ein.

Dabei waren es immer Einzelne, die vorangingen. Viele von ihnen sind vergessen, und es ist dringend notwendig, sie wieder als Vorbilder in Erinnerung zu bringen. Andere sind bis heute in den Köpfen der Menschen präsent, nicht wegen ihrer guten Werke, sondern eher wegen negativer Großmachts- und Eroberungs-Taten oder gar Völkermorden. Sie versagten auf ihrem Weg zu GOTT.

Eine Vielzahl unterschiedlicher Menschen haben wir in unserem Büchlein „Große Europäer" ausgewählt und möchten Sie Ihnen vorstellen. Politiker, Heilige, Dichter und Wissenschaftler, Männer und Frauen haben wir ausgesucht, ohne uns wiederholen zu wollen. Wer einzelne Personen vermißt, wird diese in unseren bereits erschienenen CM-Büchern „Große Deutsche", „Mit den Heiligen durch das Jahr", „Die Unbesiegbare" und „Ein Funken Lebensfreude" entdecken, so z.B. Albertus Magnus, Ambrosius, Antonius, Benedikt von Nursia, Bonifatius, Don Bosco, Canisius, Dominikus, Clemens August von Galen, Anna Katharina Emmerich, Franz von Assisi, Franz von Sales, Galilei, Hubertus, Karl V., Karl der Große, Klaus von Flüe, Maximilian Kolbe, Adolph Kolping, Martin Luther, Thomas Morus, Patrick von Irland, Pius XII., Philipp Neri, Edith Stein, Teresa von Avila, Thomas von Aquin, Johannes Maria Vianney, Vinzenz von Paul.

Wir möchten mit unserem Büchlein „Große Europäer" ausgleichen, was die EU in ihrer Grundsatz-Erklärung versäumt, zu erwähnen: Das christliche Herz Europas und die Wurzeln in JESUS CHRISTUS, dem Auferstandenen. Viel Freude beim Lesen und Nachdenken wünschen Ihnen die beiden Autoren,

Schwester Maria Anja Henkel und Pfr. Winfried Pietrek

| Winfried Pietrek, Pfarrer | Schwester Maria Anja Henkel | Joachim Siegerist, Herausgeber |

Die Welt der Bühne – William Shakespeare

William Shakespeare (1564-1616) ist nicht nur Englands gefeierter National-Dichter, sondern der größte Dramatiker weltweit. Er ist Schriftsteller, Poet, Schauspieler und zugleich Autor unzähliger Bühnenwerke: 38 Dramen insgesamt, darunter Tragödien, Komödien und Historien-Dramen.

Seine Historien besingen Englands Monarchie und das Königtum. Sie sind also tief patriotische Werke. Gerade hat England die Spanische Armada besiegt und ist 1588 zur Seemacht aufgestiegen, so daß das Königshaus dankbar ist für den geistreichen Poeten, der den Aufstieg der Monarchie auf der Bühne darstellt. Aber nicht nur die damalige Königin Elisabeth I. wird geehrt, sondern Englands Größe und Stärke insgesamt. Dunkle Seiten in der englischen Geschichte verschont Shakespeare nicht, sondern dramatisiert sie. So die *Rosenkriege* (1455-1485), aus denen das Haus Lancaster siegreich hervorgeht. Heinrich Tudor, der letzte Thronanwärter der Lancasters, wird schließlich zum englischen König gekrönt als Heinrich VII.. Durch seine Ehe mit Elizabeth of York verbindet er die beiden ehemals verfeindeten Häuser York und Lancaster im Haus Tudor. Die Tudor-Dynastie ist geboren, die in England herrscht, als Shakespeare seine Dramen schreibt. Als Patriot entwirft Shakespeare ab den 1590ern seine großen Historien-Spiele. *Richard III.* und *Heinrich VI.* bilden den Auftakt.

Zeitgleich in den 1590ern entstehen auch Shakespeares große Komödien mit Doppelhandlungen, Witz und

Humor, die die Kuriosität des Lebens darstellen und den Zuschauer für einige Stunden der ernsten Wirklichkeit entreißen. Am Ende siegt das Gute, und der Zuschauer geht getröstet und heiter nach Hause. Die Themen der Komödien wie *A Midsummer Night's Dream*, sind eine Mischung aus Romanze, Märchen und ländlicher Nostalgie. *Twelfth Night* und *Taming of the Shrew* sind ebenso berühmt und finden heute noch Anklang bei Oberstufen-Schülern, da sie stets aktuelle Themen wie Liebe, Partnersuche und Heirat geistreich durchleuchten.

Bis heute beliebt auch die Tragik-Komödie *Romeo and Juliet*: Zwei Teenager aus zwei verfeindeten Familien im ausgehenden Mittelalter verlieben sich ineinander auf einem Ball. Während sich deren Verwandte auf offener Straße duellieren, schlägt der Blitz der Liebe in den jungen Romeo und die Adelstochter Julia ein. Noch am selben Abend schleicht der Liebestrunkene in den Garten der Angebeteten, die – ebenfalls vor Liebessehnsucht glühend -auf dem Balkon ihres Zimmers den Werbungen Romeos lauscht. Romeo, der selbst gerade eine unglückliche Verliebtheit hinter sich gebracht hat, sieht nun in Julia das wahre Glück. Sie nimmt sein Werben an, die heimliche Hochzeit wird verabredet, und binnen weniger Tage erhalten Romeo und Julia den kirchlichen Segen durch einen Mönch bei ihrer geheimen Hochzeit in einer Kloster-Kapelle. Dann die gemeinsame heimliche Nacht des Liebespaares. Jetzt aber beginnen die Probleme, denn die Eltern Julias haben ihre Hochzeit mit einem standesgemäßen jungen Edelmann arrangiert. Was tun? Julias Vertraute ist ihre Amme aus Kinderzeiten, die alles tut, um den heimlichen Eheleuten Romeo und Julia zu helfen. Julia trinkt nun ein Betäubungs-Mittel, welches sie aus den Händen des Mönches erhält, um der Doppel-Ehe mit dem jungen Paris zu entfliehen. Gleichzeitig gerät der romantische und friedliebende Romeo in ein Duell zwischen den beiden verfeindeten Häusern hinein und ersticht – ungewollt – ein Familienmitglied aus dem Hause Julias. Romeo gilt jetzt als Mörder und wird vom Stadtfürsten für vogelfrei erklärt. Jeder darf ihn töten. Daher flieht Romeo nach Verona. Jetzt setzt die Schicksals-Tragödie ein: Der Bote, der Romeo von dem Scheintod Julias in der Familiengruft berichten soll, verpaßt ihn. Romeo also eilt, als er vom „Tod" Julias hört, in deren Grab-Gruft und findet eine „Tote". Verzweifelt tötet er sich selbst. Julia aber, die nur wenige Minuten später erwacht, findet ihren Geliebten tot. Auch sie verzweifelt und bringt sich ebenfalls selbst um. Als nun die Familien die beiden toten jungen Menschen finden, erfüllt sie Reue über die langjährigen Familien-Zwistigkeiten, und sie beenden den Jahrhunderte langen Streit.

Bis heute zählt *Romeo und Julia* zu den beliebtesten Liebes-Dramen. Warum? Zwei junge Menschen spüren in sich das Erwachen von Liebe, einer unbekannten Kraft und Leidenschaft. Dafür geben sie alles. Ignorieren Familien-Barrieren, suchen den kirchlichen Segen, wollen die ewige Bindung vor GOTT und den Menschen, zeigen sich treu bis in den Tod. Diese Kraft der Liebe beeindruckt sogar die Erwachsenen und läßt sie geläutert wieder zum Frieden finden.

Gleichzeitig aber sehen wir hier einige Züge von Shakespeares Talent und Geistesfreiheit: Als Dichter und Kind der Renaissance, also des Überganges vom Mittelalter zur Neuzeit, sieht er zuerst den Menschen. Die Renaissance entdeckt das Individuum wieder. Nicht GOTT mit seinen Geboten und der Suche nach dem Heil der Seele steht bei dem Renaissance-Menschen im Mittelpunkt, sondern die Natur des Menschen mit all ihren Fehlern, Schwächen, aber auch Stärken. Leidenschaft, die den Verstand raubt und im Tod endet, scheint hier etwas Gutes, denn sie führt zum Familien-Frieden. Doch vom katholisch-religiösen Standpunkt aus ist das eine Revolution: Gehorsam gegenüber den Eltern und den 10 Geboten – die Selbstmord als Glaubensmangel verurteilen – sind seit jeher die Pflichten eines Christen. Shakespeare aber zeigt auf, wie säkulare Welt und göttliches Gebot anscheinend unvereinbar sind. Zumal das Schicksal, wie es im Drama heißt, das Sich-Verpassen der Geliebten herbeiführt.

GOTT und Frömmigkeit treten bei Shakespeares Dramen in den Hintergrund, obwohl er selbst Christ und getauft ist. Typisch ist das für den Zeitgeist der Renaissance. So sucht Shakespeare in seinen großen Tragödien – *Macbeth, Othello, Hamlet, The Merchant of Venice, King Lear* …. – nach den menschlichen Stärken und Schwächen, die entweder den Aufstieg oder den Untergang eines Menschen herbeiführen. Der Feldherr Macbeth beispielsweise, läßt sich von seinem Ehrgeiz verführen. Er putscht und mordet sich an die Macht, die ihm aber kein Glück bringt, denn es ist unmöglich, seine Macht zu sichern. Gegner stehen auf, bekämpfen ihn und besiegen ihn schließlich militärisch. Seine Frau, Lady Macbeth, verfällt dem Wahnsinn und wäscht sich ununterbrochen das Blut von ihren Händen. Hamlet, dem Prinzen von Dänemark, geht es ähnlich. Seine Charakter-Schwäche ist seine Unentschlossenheit: Sein Vater wird ermordet, und Hamlet weiß darum. Doch während der ganzen fünf Akte des Dramas kann er sich nicht entschließen, entweder den Mord tatkräftig zu rächen und den Vatermörder eigenhändig zu bestrafen, oder diesem zu verzeihen und die Sache zu vergessen.

Jedem Christen ist klar, daß das göttliche Gebot verlangt, keine Rache zu üben, sondern den Feind zu lieben und ihm von Herzen zu vergeben. Shakespeare aber kennt als Renaissance-Dichter, die Schwächen der Menschen, die ihn von GOTT wegziehen. Hamlet also ringt um Klarheit, was er tun soll, ohne eine Antwort zu finden. Schließlich stellt er sich verrückt, was wiederum seine Freundin Ophelia nicht verkraftet, so daß sie sich aus Verzweiflung in einen Fluß stürzt und stirbt. In Akt V wird Hamlet schließlich aktiv, rächt sich und stürzt so den ganzen Königshof in ein blutiges Gemetzel. Er selbst kommt schließlich auch um. Die Ordnung ist wiederhergestellt, doch die letzten Worte lassen den Zuschauer betroffen zurück: „Der Rest ist Schweigen."

Shakespeare selbst gehört der Anglikanischen Kirche an, der Staatskirche. Über seine persönliche Frömmigkeit ist nichts Konkretes überliefert, zumal das Thema Religion in seinen Werken eine untergeordnete Rolle spielt. Belegt ist jedoch, daß sowohl seine Mutter als auch sein Vater gläubige Katholiken waren und diese Religion praktizierten trotz der staatlichen Katholiken-Verfolgung der damaligen Zeit.

Wer war nun William Shakespeare privat? Geboren wurde er im April 1564 in Stratford-upon-Avon. Dort ging er in die *King's New School*, wo er neben Schreiben, Lesen und Rechnung Latein lernte und die klassischen Autoren der Antike kennenlernte. Der junge Shakespeare hat eine schnelle Auffassungs-Gabe, viel Humor und Lebensfreude, große Intelligenz. Mit 18 verliebt er sich und heiratet Anna Hathaway schnell, als ein Kind unterwegs ist. Seine Frau ist 26 Jahre alt, also eine ungewöhnliche Ehe – nicht nur für die damalige Zeit. Sechs Monate nach der

Hochzeit kommt Shakespeares Tochter Susanna zur Welt. Zwei Jahre später folgen Zwillinge. Wir haben jetzt das Jahr 1585. Die nächsten 7 Jahre werden in der Forschung auch die „Lost Years", die verlorenen Jahre, genannt, da es keine Quellen über Shakespeares Tätigkeit gibt.

Wahrscheinlich ist er in London und arbeitet als Schriftsteller und Schauspieler. 1592 taucht Shakespeares Name wieder auf: Jetzt arbeitet er am Londoner Theater. Zahlreiche Bühnenstücke von ihm werden dort aufgeführt. Gegner und Neider gibt es bereits: Robert Greene oder Christopher Marlow sehen einen Konkurrenten in dem begabten Shakespeare. Ab 1594 werden die Dramen Shakespeares nur noch von einer bestimmten Schauspieltruppe aufgeführt, welcher der Dichter selbst angehört, nämlich den *Lord Chamberlain's Men*. Bald hat diese Schauspieler-Mannschaft die Herzen der Londoner erobert und wird zum populärsten Theater der Stadt. Sie spielen an unterschiedlichen Plätzen, bis bald darauf das *Globe Theatre* gebaut wird. Als 1603 Königin Elisabeth I. stirbt und James I. König von England wird, erneuert dieser das königliche Privileg der Schauspieltruppe und benennt sie um in *The King's Men*. Seit 1594 werden Shakespeares Dramen auch in schriftlicher Form herausgegeben und in sogenannten Folio-Ausgaben verkauft. Sein Name steht auf dem Titelblatt und macht die Texte zu Best-Sellern.

Shakespeare besitzt auch die Fähigkeit, Geschichten in poetischen Bildern niederzuschreiben. Seine *Sonette* erschienen später gesammelt als Band. Ab 1599 arbeitet er als Mitbesitzer am London *Globe Theatre* und verdient dort viel Geld. Er ist nun berühmt und spielt oft auch am Hof von Königin Elisabeth.

Häufig pendelt Shakespeare zwischen London und Strat-
ford, wo seine Familie wohnt. Die meiste Zeit jedoch ist er
in London, denn er liebt die Schriftstellerei und die Bühne.
Als London 1609 von der Pest heimgesucht wird, werden
alle Theater geschlossen. Shakespeare schreibt seitdem
kaum noch für die Bühne und zieht sich ins Private zurück,
bis er 1616 stirbt. Er ist 52 Jahre alt. Er wird in der *Holy
Trinity Church* in Stratford-upon-Avon begraben, bedeckt
mit seinen in Stein gemeißelten Worten auf dem Grab-
stein, die jeden verfluchen, der jemals wagt, seine ewige
Ruhe zu stören: *Good friend, for Jesus' sake forbear, / To dig
the dust enclosed here. / Blessed be the man that spares these
stones, / And cursed be he that moves my bones.*   SR.A.

Wann wacht Barbarossa wieder auf?

Im nördlichen Thüringen ragt der Kyffhäuser hoch, 477m.
Und auf ihm die Ruinen der Rothenburg, im Norden der
sagenumwobenen Barbarossa-Burg. Am Südhang erstreckt
sich 150m lang die Barbarossa-Höhle. Das italienische
Wort bedeutet Rotbart und ist der Beiname von Kaiser
Friedrich I. (1125-1190). Auf dem 3. Kreuzzug ertrinkt er
in Saleph/Kilikien kurz vor seinem Ziel. Doch sein Ruhm
im Volk bleibt erhalten. Der beliebte Herrscher wird im
Rahmen der deutschen National-Bewegung des 19. Jahrhunderts zum Mythos, zur Sagen-Gestalt: Der alte Kaiser
schlafe im Kyffhäuser, warte auf bessere Zeiten, bis er wie-
derkomme, und wird mit der Hoffnung auf nationale Einheit verbunden.

Friedrich I., der Staufer, wird 1152, 30 Jahre alt, in Frankfurt zum König gewählt und in Aachen gekrönt – obwohl

er Analphabet ist. Die Wahl eines Königs ist ein besonderer Vorzug im römisch-deutschen Reich. Nach der Wahl kommt es zu einem besonderen Vorfall, der Barbarossa charakterisiert. Ein degradierter, hochrangiger ehemaliger Mitarbeiter wirft sich dem frisch gesalbten König zu Füßen und bittet um Gnade. Doch der neue König lehnt ab und begründet: „Er ist nicht aus Haß ausgeschlossen, sondern um der Gerechtigkeit willen." So verschafft sich Heinrich Respekt. Er macht sich bekannt durch den traditionellen König-Umritt im Reich.

Bereits ein Jahr nach seiner Wahl: Eine Krise der kinderlosen Ehe. Ein König ohne Nachfolger? Wegen zu naher Verwandtschaft der Eheleute wird die Ehe kirchlich, als nicht zustande gekommen, aufgelöst. Friedrich muß sich der Welt-Politik zuwenden. Der Papst, bedrängt von den Römern und vom straff organisierten Normannen-Reich auf Sizilien und in Süd-Italien, schließt 1153 einen Schutz-Vertrag mit Friedrich dem I. und krönt 1155 den König zum Kaiser. Doch die Normannen bleiben ungeschoren, weil das deutsche Heer zu klein ist. Schon 2 Jahre später Spannungen mit Rom. Auf dem Reichstag zu Besançon rettet Barbarossa persönlich den provozierenden päpstlichen Delegaten vor Tätlichkeiten. Doch wegen belastender Schriftstücke wird der Legat ausgewiesen. Friedrich verkündet: „Meine Herrschaft ist unabhängig von der Kirche. Die Krone verdanke ich allein der Gnade GOTTES und der freien Wahl der Fürsten."

1158 besiegt Friedrich I. die norditalienischen Städte und kassiert dafür alljährlich 30.000 Pfund Silber. 1159 werden gleich zwei Päpste gewählt: Alexander III. (gegen den Kaiser) und Viktor IV. Das Schisma dauert 18 Jahre. Wer von den deutschen Fürsten den Gegenpapst anerkennt, verliert alle Ämter und Lehen. 1162 zerstört Friedrich das große Mailand und siedelt dessen Bewohner in Dörfern an. Doch sein Kanzler Rainald von Dassel rät zu scharf, so daß Paschalis III. als Gegenpapst kommt. Er krönt zwar Heinrichs Gemahlin zur Kaiserin, doch bald darauf trägt ein sommerlicher Wolkenbruch Malaria ins deutsche Heer. 2.000 sterben binnen weniger Tage, auch Rainald von Dassel. Das Volk sieht all das als ein GOTTES-Urteil. Der kranke Kaiser flüchtet mit dem Rest des Heeres. Heinrich der Löwe, sein Vetter, lehnt ab, die erbetene Waffenhilfe zu leisten. Denn der Kaiser will Goslar samt Silber-Bergwerken nicht als Bezahlung hergeben.

Diplomatisches Geschick rettet Friedrich I. Er erkennt Alexander III. als Papst an und trennt ihn von den lombardischen Städten. Der Papst stimmt zu, daß die vom Staat eingesetzten Bischöfe von Rom nur bestätigt werden. Dann schließt das Reich Frieden mit den Städten der Lombardei. Dadurch wächst Friedrichs Ansehen in ganz Europa. Bald darauf verliert der aufmüpfige Heinrich der Löwe durch einen Gerichtsspruch der Fürsten seine Herzogtümer Sachsen und Bayern. Als er sich 1181 unterwirft, wird er für 3 Jahre in die Verbannung geschickt und erhält nur Lüneburg und Braunschweig zurück. Des Löwen Sturz schwächt jedoch die Ost-Mission. 1184 hält Friedrich einen Hoftag zu Mainz und feiert die Schwertleite und Ritterweihe seiner beiden ältesten Söhne. 40.000 Ritter nehmen teil, auch Bischöfe und Dichter kommen. Der Kaiser selbst kämpft im Turnier mit.

Die spätere Verklärung Barbarossas zum Ideal steht stark mit seinem Sinn für Gerechtigkeit in Verbindung. Er ist ausgeglichen, liebenswürdig und tapfer. Die Macht, Kaiser zu sein, bedeutet für ihn eine religiöse Verpflichtung.

Zugleich macht er Feinde zu Freunden. Den Fürsten läßt er Mitsprache-Recht zukommen. Aus seinem Verhalten hätte sich, wie später in Frankreich verwirklicht, ein Zentral-Staat entwickeln können. Doch sein Sohn und Nachfolger Heinrich IV. (1190-1197) verstirbt früh und hat auch nicht den Gerechtigkeits-Sinn wie sein Vater. So nimmt Heinrich den englischen König Richard Löwenherz bei dessen Heimkehr vom Kreuzzug entgegen aller Schutzpflicht gefangen und hält ihn in der Süd-Pfalz in Haft, bis sich dies politische Druckmittel ausgezahlt hat. Umso mehr ersehnt das Volk: Barbarossa möge aufwachen, um das Reich und den Rechtsfrieden sicherzustellen.

PWP

Die ehrgeizige Zarin – Katharina die Große

Katharina II. von Rußland wird 1729 in Deutschland geboren, genauer gesagt in Stettin, als Adels-Tochter mit dem Mädchen-Namen Sophie Auguste Friederike von Anhalt-Zerbst. 1762 wird sie Zarin von Rußland. Als Katharina II. ist sie die einzige Frau in der Geschichte, die von den Historikern den Beinamen „die Große" verliehen bekommt. Wie gelangt diese Kaiserin von Rußland zu solch einer Ehre?

Die hohe Stellung als Prinzessin ist ihr in die Wiege gelegt, denn ihr Vater ist Fürst von Anhalt-Zerbst und preußischer General und Gouverneur von Stettin, verheiratet mit Johanna Elisabeth von Holstein-Gottorf, der leiblichen Schwester des schwedischen Königs Adolf Friedrich. Blaues Blut, adliges Blut, hat Katharina also in den Adern. Sie wächst im Stettiner Schloß auf, und seit 1742 im Schloß

von Zerbst. 1743 beschließt die damalige Zarin von Rußland, Elisabeth Petrowna, ihren russischen Thronfolger,
den späteren Zaren Peter III., mit Sophie Auguste Friederike von Anhalt-Zerbst – seiner Cousine zweiten Grades
– zu vermählen. Damit ist auch das Kaisertum Katharinas
dem jungen Adelsmädchen in die Wiege gelegt. Das
Zaren-Paar wird die neue Dynastie der Romanow-Hol-
stein-Gottorf-Linie im russischen Zarentum eröffnen, die
bis zum Untergang des Zarentums 1918 das Riesen-Reich
regieren wird. So reist Sophie, die spätere Katharina II.,
1744 im Alter von 15 Jahren über Berlin, wo sie den Preußen-König Friedrich II. besucht, und über Sankt Petersburg nach Moskau – ihrem künftigen Ehemann Peter III.
von Rußland entgegen.

Sophie ist begabt und ehrgeizig. Schnell findet sie sich in
der neuen Umgebung zurecht und erlernt spielend die russische Sprache. Zielstrebig setzt sie alle ihre Kräfte daran,
sich gut in den russischen Hof zu integrieren. 1745 dann
die Hochzeit mit Großfürst Peter Fjodorowitsch. 10 Tage
wird gefeiert. Noch vor der Hochzeit konvertiert Sophie
vom evangelisch-lutherischen zum orthodoxen Glauben.
Denn, so die russische Tradition, die Orthodoxe Kirche ist
Träger des Zarentums und umgekehrt.

Doch dann kommt das traurige Erwachen der angehenden
Kaiserin. Ihr Vater in Deutschland mißbilligt den Glau-
benswechsel, und – was für die junge Frau noch schlimmer ist – ihr junger Ehemann kommt betrunken in der
Hochzeits-Nacht in das gemeinsame Schlafzimmer und
hat so gut wie kein Interesse an seiner neuen Braut. Die
neue Großfürstin Katharina aber ist lebensfroh und intelligent, so daß sie sich durch diese Enttäuschungen nicht
zur Resignation verleiten läßt. Im Gegenteil: Sie beginnt

zu musizieren, liest viel und bildet sich weiter. Besonders interessieren sie die gerade populär gewordenen Werke der Staatsphilosophen Voltaire und Montesquieu, die führenden Köpfe des Zeitalters der Aufklärung.

„Habe den Mut, dich deines Verstandes zu bedienen!", ist das vom Philosophen Emmanuel Kant gesetzte Motto der Aufklärer. Verstand statt Glauben. Nicht das Vertrauen auf den dreieinen Christen-GOTT, das Gebet zum himmlischen VATER und das tägliche Ringen um eine reine Seele stehen bei den Aufklärern im Vordergrund, sondern die Entfaltung des Individuums mit seinen Talenten. Die Aufklärer glauben an GOTT, doch der scheint lediglich die Welt geschaffen zu haben, um sich dann zurückzuziehen und dem Menschen die vernunftsmäßige Gestaltung der Welt überlassen zu haben. Ein Irrweg – so die Antwort der katholischen Kirche – denn JESUS CHRISTUS ist ja gegenwärtig in jedem hl. Meßopfer und in den sieben Sakramenten, um den Menschen nahe zu sein, damit sie dereinst in den Himmel, in das Reich GOTTES, eingehen können. Das aber begreifen die Staatsphilosophen nicht, sondern erdenken in ihren Schriften und Korrespondenzen neue Wege, um Staat und Gesellschaft zu gestalten: Merkantilismus als neues Wirtschaftssystem, Volksherrschaft als neues politisches Regierungssystem stehen auf dem Programm sowie Religions-Toleranz, welche im Sinne Luthers das mittelalterliche Monopol der katholischen Weltkirche untergräbt. Katharina pflegt rege Korrespondenz mit Voltaire und Diderot sowie dem Preußen-König Friedrich II., dem Sinnbild eines aufgeklärten absolutistischen Monarchen. Gleichzeitig lobt Voltaire Katharina als „Stern des Nordens" und „Philosophin auf dem Thron." So kauft sie auch die Bibliothek Diderots, der oft an ihrem Hof weilt, nach dessen Tod auf, um eine russische National-Bibliothek in St. Petersburg aufzubauen.

Großfürstin Katharinas Intellekt ist beschäftigt, mit der Lektüre und dem Durchdenken dieser neuen Ideen. Sie will dazugehören, und sie will eine politische Rolle spielen. Über alles am Hof ist sie informiert, nimmt an allen Gottesdiensten teil – kurz: Sie ist selbständig. Ihr Ehemann Peter geht eigene Wege. In Lomonossow pflegt er seine Liebe für alles Preußische und Militärische. Kleine Zinnsoldaten sind sein Lieblings-Spielzeug. Anfangs besucht ihn Katharina dort, und er kleidet sie gelegentlich in die preußische Uniform, doch allmählich erlischt das Interesse an seiner Ehefrau vollends. Zu unterschiedlich sind die Charaktere und Interessen. Dennoch bringt die Großfürstin 1754 nach neun Jahren Ehe ein gemeinsames Kind zur Welt, einen Sohn, und später eine Tochter. Obwohl Katharina zahlreiche Liebhaber hat und unklar ist, ob der Sohn tatsächlich von ihrem Ehemann stammt, erkennt der Großfürst das Kind als sein eigenes an. Dann aber 1762, als Zarin Elisabeth stirbt und Katharina wieder schwanger ist, kann und will Peter das Neugeborene nicht mehr decken. Alle wissen: Der kleine Sohn Alexej ist von Katharinas Liebhaber Grigori Orlow gezeugt.

Weihnachten 1761 dann der große Tag für Katharina: Die amtierende russische Zarin Elisabeth verstirbt am 25. Dezember, so daß Katharinas Ehemann als Peter III. die Regentschaft Rußlands übernimmt. Sie selbst rückt als kaiserliche Ehefrau – allerdings ohne Regierungsvollmachten – mit an die Staatsspitze. Wird sie die Rolle einer stillen Begleiterin spielen können?

Schon die ersten Regierungstage erweisen sich als schwierig, denn Peter ist aufgrund seiner kindlich gebliebenen

Natur weniger ein Herrscher als ein großer Junge auf dem Zarenthron. Volk und Gattin vermissen die nötige Ernsthaftigkeit des neuen Zaren. Albernheit im Benehmen kreidet man ihm an, und auch den schnell geschlossenen Frieden (1763) mit Preußen im Siebenjährigen Krieg, der Rußland zwar den Frieden, aber auch territoriale Nachteile bringt und Preußen als neue europäische Großmacht erstehen läßt. Auch das von Peter III. eingeführte aufklärerische Reformprogramm bringt Unmut, insbesondere in konservativen Kreisen.

Katharinas politischer Instinkt und ihre Herrscher-Natur können dies nicht dulden. Zusammen mit ihren Vertrauten plant sie den Staatsstreich. Ihr Ehemann muß entmachtet werden, damit sie selbst als Zarin die Führung Rußlands übernehmen kann. Über ihren Liebhaber Orlow gewinnt sie Teile der militärischen Garde, so daß sie sich am 9. Juli 1762 zur Zarin ausrufen läßt. Zar Peter III. wird für abgesetzt erklärt. Begleitet von Soldaten zieht Katharina in den Kaiserpalast in Peterhof ein. Peter III. flieht nach Kronstadt und unterzeichnet die Abdankungs-Urkunde, so daß der Metropolit der Orthodoxen Kirche Katharina noch am selben Tag in der Kasaner Kathedrale in St. Petersburg zur Zarin Rußlands erklärt. Katharina ist nun Alleinherrscherin des riesigen russischen Reiches. Ihren Ehemann Peter läßt sie noch im Juli 1762 festnehmen und ins Gefängnis werfen, wo dieser ums Leben kommt, d. h. höchstwahrscheinlich ermordet wird. Im Oktober dann die feierliche Krönung Katharinas zur Zarin in der Himmelfahrts-Kathedrale im Moskauer Kreml. 34 Jahre lang wird sie Rußland regieren.

Der Staatsstreich Katharinas d. Gr. ist – in weltlichen Augen – eine Glanzleistung von Kalkül, Intelligenz und klarem Verstand, der die Schwächen des geburtsrechtlichen Zaren Peters III. und die eigenen Herrscherqualitäten erkennt, abgesegnet durch die Orthodoxe Staatskirche und das Militär. Doch vor GOTT? Hat nicht JESUS uns immer wieder ans Herz gelegt, demütig, dienend, liebend und glaubend zu sein, um in die ewige Seligkeit eingehen zu können? Doch Katharina schert sich darum wenig. Stattdessen löst sie das Problem, indem sie während ihrer Regierungs-Zeit Klöster gründet, die sie mit dem Gebet für das ewige Seelenheil der Zarin beauftragt. Doch leise fragen wir an: Ist das genug?

Das Ziel der neuen Zarin in der Innenpolitik ist zunächst das Etablieren der zentralen Staatsmacht in allen Winkeln des Riesenreiches. Mittels einer Verwaltungsreform richtet sie 40 neue Gouvernements ein und intensiviert die Lokalverwaltung. Adel und reiche Kaufleute werden herangezogen, um zusammen mit staatlichen Eliten die Bevölkerung – zumeist Bauern – besser zu versorgen: Armenfürsorge, Bildung und Krankenversorgung werden verbessert. Ganz im Sinne des aufgeklärten Absolutismus und des patriarchalischen Denkens der frühen Neuzeit. Gleich nach Amtsantritt erstellt die Zarin auch ein Dekret, in welchem sie Ausländer zur Ansiedlung in Rußland motiviert. Tausende von Bauern siedelt sie längs der Wolga an: Religionsfreiheit, Steuerfreiheit und Besitzrecht auf das neue Land sind die Werbemittel Katharinas. Diese Verwaltungs-Reform ist aufgrund ihrer Effizienz und Durchschlage-Kraft ein Novum in der russischen Geschichte. Ein Meilenstein in der menschlichen Schaffenskraft. Volksschulen und Gymnasien entstehen in vielen Städten Rußlands. Nicht länger soll Rußland der europäischen Zivilisation hinterherhinken. Ingenieur-Fachschulen gründet die Zarin. Bis auf den Kaukasus hat jede russische Provinz am

Ende der Regentschaft Katharinas ein Gymnasium. Der Schulbesuch ist freiwillig und kostenlos.

Gleichzeitig baut die neue Zarin den Winterpalast in St. Petersburg aus: Die Eremitage entsteht. Ganz im Stil der europäischen absolutistischen Herrscher, die in Nachahmung Ludwigs XIV. von Frankreich kleine oder große Barock- oder Rokoko-Residenzen als Herrschersitze schufen.

1767 startet Katharina ein neues, allerdings unvollendet gebliebenes Projekt, die Vereinheitlichung des Rechtssystems im ganzen Reich. Die von ihr hierzu geschaffene Kommission verleiht ihr 1767 den Titel „die Große" und „Mutter des Vaterlandes". Der im folgenden Jahr ausbrechende Krieg mit den Türken verhindert dann jedoch die komplette Umsetzung der Rechtsreform im ganzen Reich. 1770 dann die Pest in Moskau. Die Hälfte der Bevölkerung stirbt. Die andere Hälfte beginnt eine Revolte, welche aber durch Petersburg unter Kontrolle gebracht werden kann. Dann auch das Zugeständnis der Religionsfreiheit drei Jahre später. Seit 1773 sind alle religiösen Bekenntnisse willkommen in Rußland. Ein Novum in der europäischen Geschichte. Weder das katholische Frankreich noch das anglikanische England duldeten andere Bekenntnisse als die jeweilige Staats-Religion, allein der preußische König Friedrich II. hält es wie Katharina mit der Religionstoleranz – weltanschaulich, aber auch politisch-wirtschaftlich motiviert.

Die Leibeigenschaft der Bauern in Rußland bleibt jedoch erhalten. Wir sind ja immer noch im Zeitalter der Absolutismus. So hat die Zarin mit Bauernunruhen zu kämpfen, kann sich aber durchsetzen.

24

Auch außenpolitisch. Wie kein anderer Zar vergrößert sie während ihrer Regentschaft das russische Imperium. In zwei Kriegen gegen die Türkei (1768-1774 / 1787-1792) erobert sie den Zugang zum Schwarzen Meer und weite Küstengebiete. Durch die Polnischen Teilungen gewinnt Rußland Millionen Quadratkilometer Land und 6 Millionen Menschen. Katharinas Plan aber, auch Konstantinopel zu erobern und das Byzantinische Reich unter russischer Flagge neu zu gründen, scheitert jedoch am Austritt Österreichs aus dem Bündnis mit Rußland im letzten russisch-türkischen Krieg und an der neuen Großmacht Schweden, die Rußland vom Norden her bedroht. Allerdings gelingt der Zarin die Annexion der Krim und die Erschließung der Süd-Ukraine.

Keinem ihrer 20 Liebhaber gewährt die Zarin Teilhabe oder Einmischung in die Politik. Hier ist sie souverän. Mit großzügigen Geschenken findet sie die Männer ab, wenn diese sich in dieser Hinsicht zu weit vorgewagt haben, und entläßt sie aus ihrem Schlafgemach. Als Katharina 67 Jahre alt ist, stirbt sie 1796 durch einen Schlaganfall.

Vor der Welt und vor sich selbst hat sie ihre zahlreichen Talente voll ausgenutzt und zum Wohle Rußlands und der Untertanen entfaltet. Wegweisende Neuerungen hat Katharina II. geschaffen. Eine große Leistung. Über ihre Frömmigkeit und moralische Integrität jedoch kann nur der HERR-GOTT richten. *SR.A.*

Gründungsväter der Germanistik –
Die Gebrüder Grimm

Jacob Grimm (1785-1863) und Wilhelm Grimm (1786-1859) sind Volkskundler und Sprachwissenschaftler. Ihnen verdanken wir das Deutsche Wörterbuch und die Sammlung zahlreicher Kinder- und Hausmärchen.

Die beiden Marburger Juristen, aus einer Hanauer Pastoren-Familie stammend, erhalten als Studenten Einblick in den Minnegesang und die Romantik. So beginnen sie, Sagen, Urkunden und Dichtung aus ganz Europa zu untersuchen, um die Entwicklung deutschsprachiger Literatur tiefer zu verstehen. Unermüdlich sammeln sie mündlich überlieferte Geschichten, die sie jedoch sprachlich selbst formen. So begründen sie die Märchenkunde als Wissenschaft. Doch auch das Wessobrunner Gebet verdanken wir dem Suchen der Brüder, ebenso Deutsche Heldensagen. Bei den Überlieferungen achten sie darauf, erotische Anspielungen zu beseitigen.

Beide leben von Gönnern, vor allem dank der Hilfe von Kurfürstin Karoline von Hessen. Wiederholt müssen sie aus Geldmangel armseligere Wohnungen für ihren Junggesellen-Haushalt beziehen. Dennoch: Zahlreiche Veröffentlichungen! Jacob Grimm verfolgt als Erster die Entwicklung der indogermanischen bzw. indoeuropäischen Sprachen. Er entdeckt die Etymologie zum Ursprung von Wörtern. Bis heute spricht man international vom „Grimm's law", wenn eine gesetzmäßige Lautverschiebung erfolgt ist. Sprache und Wörter sind zu pflegen, nennt sich doch JESUS selbst das „Wort". In IHM hat sich GOTT den Menschen geoffenbart. Durch Worte nehmen wir

miteinander geistigen Kontakt auf, so daß wir den Gebrü-
dern Grimm für ihre Arbeit großen Dank schulden.

1825 heiratet Wilhelm Grimm, und die äußeren
Lebensumstände der Brüder, beide inzwischen Professoren, festigen sich. Sie untersuchen vorchristliche Glaubens-
vorstellungen und Aberglauben sowie Mythen und machen
aufmerksam: Namen bewahren oft frühere Wortformen.
Jacob Grimm wird 1848 Abgeordneter der Frankfurter
Nationalversammlung. Wegen einer Streitschrift gegen
einen Verfassungsbruch des Königs von Hannover werden
die Gebrüder zusammen mit fünf anderen Professoren
entlassen und Jacob des Landes verwiesen. Spenden halten
sie über Wasser. Sie arbeiten für das Deutsche Wörterbuch
bis zu den Buchstaben D bzw F. Zahlreiche Helfer stehen
ihnen bei, Beleg-Zitate usw zu suchen.

1840 holt der neue preußische König Friedrich Wilhelm
IV. sie nach Berlin. Dort dürfen sie 20 Jahre lang unbelas-
tet arbeiten und forschen, u.a. helfen, Sprach- und Sozial-
geschichte zu verknüpfen. Heute sind etwa 200 deutsche
Straßen und Plätze nach den Grimms benannt. Seit 2011
hat Kassel eine Brüder-Grimm-Stiftungs-Professur, um
die Begegnung zwischen Wissenschaft und Gegenwarts-
Literatur zu fördern. Sechs Brüder-Grimm-Preise existieren, zahlreiche Schriftsteller und Wissenschaftler bieten
Grimm-Bücher an. *PWP*

„Sancto subito!" – Papst Johannes Paul II.

Johannes Paul II. (1920-2005), mit Taufnamen Karol Józef Wojtyła, ist ein Marien-Kind. Er wird am 18. Mai in Wadowice, Polen, geboren, also dem Monat, welcher der Mutter-GOTTES Maria geweiht ist. Zeitlebens verehrt Johannes Paul die Madonna als Mutter des Erlösers, als Mutter der Kirche, als Miterlöserin und als seine persönliche Beschützerin.

Es ist der 13. Mai 1981, der Gedenktag an die Erscheinung der Mutter-GOTTES in Fatima, während der Papst auf dem Weg zur General-Audienz die Gläubigen auf dem Petersplatz segnet, als ein türkischer Rechtsextremist auf den Heiligen Vater Schüsse abfeuert. Mehmet Ali Agca gibt um 17.17 Uhr aus unmittelbarer Nähe zwei Pistolen-Schüsse ab. Die eine Kugel durchdringt Hand und Schulter des Papstes, die zweite den Unterleib. Eine fünf-stündige OP kann das Kirchenoberhaupt retten. Johannes Paul II. selbst schreibt sein Überleben der GOTTES-Mutter zu, denn es war ihr Feiertag, an welchem das Attentat mißlang. So bringt er ihr auf seiner Dank-Wallfahrt nach Fatima die Kugel, welche seinen Leib durchdrang, als Geschenk dar. Die Kugel ruht nun, in Gold gefaßt, im Heiligtum Unserer Lieben Frau von Fatima. Den Attentäter Ali Agca besucht Johannes Paul II. im Gefängnis und verzeiht ihm.

Auch ein zweites Attentat auf den Papst in Portugal ein Jahr später durch einen Priester – Juan Maria Ferdinand Krohn, welcher die Anerkennung des Zweiten Vatikanischen Konzils durch Johannes Paul ablehnt – mißlingt. Wieder ist es der Mai-Monat. Mit einem Bajonett will der Priester auf den Papst einstechen, wird jedoch von der päpstlichen Leibwache überwältigt. Wieder hat die GOTTES-Mutter ihren Papst beschützt.

26 Jahre lang ist Karol Wojtyla Papst. Nur ein Hl. Vater, Pius IX., war länger im Amt. Zugleich ist Wojtyla der erste Slawe auf dem Papst-Thron. Bei der Überwindung des sozialistischen Regimes in Polen kommt Johannes Paul II. eine Schlüssel-Rolle zu. Papst Benedikt XVI. spricht Johannes Paul II. bereits 2011 selig, d. h. nur sechs Jahre nach seinem Tod. 2014 folgt dann die Heiligsprechung in Rom.

Mit seiner Wahl zum Papst im Jahr 1978 tritt Johannes Paul II. das Erbe der beiden Konzils-Päpste Johannes XXIII. und Paul VI. an, d. h. er übernimmt die neue weltweite Zelebrations-Weise zur modernen Messe mit Volksaltar und Anthropozentrischer Wende (Karl Rahner) des Konzils von 1962-1965. Doch hilft Johannes Paul II. – entgegen dem Zeitgeist – auch der alten missa tridentina wieder zu Ehren: Im Indult vom 3. Oktober 1984 „Quattuor abhinc annos" erlaubt er explizit die Feier der missa tridentina nach dem Missale von 1962. Die lateinische Messe wird seit der Ur-Kirche gefeiert und konnte demnach auch vom Vatikanum II. nicht verboten werden, doch galt sie vielen seit den 1970er Jahren als veraltet und unzeitgemäß. Doch Johannes Paul II. hat Glaubenstiefe und Weitblick, so daß er auf Drängen von Gläubigen weltweit zur Feier der lateinischen Messe ermutigt und festlegt, daß jeder Diözesanbischof die alte Messe erlauben muß, wenn Priester und Gläubige einen entsprechenden Antrag stellen. Papst Benedikt XVI. wird diesen Weg in seinem Motu proprio von 2007 bekräftigen und erneut formulieren. Den Alleingang von Erz-Bischof Lefebvre mit der Weihe von vier Bischöfen 1988 im alten Ritus kann er als

Papst jedoch nicht anerkennen, da diese ihn ja auch nicht in seinen Handlungen anerkennen. Ein bislang ungelöstes Problem beiderseits.

Als Karol Wojtyla 1920 in Polen geboren wird, ist sein Vater, ein ehemaliger Unter-Offizier, als Schneider tätig. Seine Mutter stirbt früh, Karol ist erst acht Jahre alt. So wird die Gottesmutter schon in Kindertagen seine Himmels-Mutter, die er innigst liebt und verehrt. Sein Bruder, ein Mediziner, stirbt ebenfalls früh, Karol ist erst zwölf. Auch seine jüngere Schwester ruft der HERR-GOTT bereits als Kind heim. Sein Vater stirbt 1941. Karol aber ist fromm und opfert bereits als Kind seine Verluste dem Himmel auf. Er spielt gerne Fußball, ist lebenslustig und mutig. Zwischen 1930 und 1938 besucht er das Gymnasium und macht das Abitur mit Best-Noten. Danach studiert er in Krakau Philosophie und Literatur. Der Student liebt das Theater-Spiel und die Bühne. Er schreibt Gedichte, ein Drama und ein Mysterien-Spiel. Auch die erste Liebe lernt er kennen. Doch der Ruf des HERR-GOTTES ist stärker.

1939 überfallen die Deutschen unter Hitler Polen, und die polnischen Universitäten werden geschlossen. 183 Professoren der Uni Krakau werden von der neuen Besatzungsmacht verhaftet. Ein Teil von ihnen wird ins KZ deportiert und stirbt dort. Wojtyla und seine mutigen Freunde aber studieren an einer Untergrund-Universität weiter. Dann aber ziehen ihn die Deutschen heran zu Zwangsarbeiten: Wojtyla arbeitet zwischen 1940 und 1944 zuerst im Steinbruch, dann in einer Chemie-Fabrik. Dadurch entgeht er der Deportation und einem frühen Tod in einem der Konzentrationslager.

Für Karol sind diese schweren Jahre eine tiefe Prüfung seiner Berufung. Er ringt zwischen seiner Liebe zur Literatur und der zu GOTT. Die Liebe zu GOTT siegt. Er will Priester werden, allein für JESUS CHRISTUS und das Reich GOTTES leben. Entbehrungen und Demütigungen im Steinbruch führen ihn immer tiefer ein in die Liebe zu IHM. Je tiefer Karol fällt und je mehr er geschunden wird, desto mehr erkennt Woytyla seine Berufung zum Priester. Macht nicht jedes Leid uns ähnlicher dem leidenden CHRISTUS? Ist nicht JESUS in die Welt gekommen, um zu leiden und im Leiden zu lieben und uns durch Sein unschuldiges Leiden zu erlösen? Immer enger bindet sich der junge Student an CHRISTUS und beginnt das Theologie-Studium im Untergrund.

1942 tritt er in das geheime Priester-Seminar der Erz-Diözese Krakau ein. 1946 wird er zum Priester geweiht. Der Zweite Weltkrieg ist jetzt vorbei. Die Deutschen sind besiegt, Polen wird wieder unabhängig, allerdings mit kommunistischer Regierung. Polen wird zum langen Arm der Sowjetunion, die zusammen mit den westlichen Alliierten als Sieger aus dem Weltkrieg hervorgeht, und sogar den Osten Deutschlands als Besatzungs-Zone offiziell auf der Potsdamer-Konferenz von 1946 zugesprochen bekommt. Der junge Priester Karol Wojtyla wird nun durch seinen Bischof nach Rom gesandt, wo er zwei Jahre später am Angelikum promoviert.

Wojtyla hat seine Berufung gefunden: 1953 wird er Professor für Moral-Theologie an der Uni Krakau, 1954 bekommt er einen Lehrauftrag für Philosophie und Sozial-Ethik in Lublin, wo er sich habilitiert. 1958 wird er zum Bischof geweiht und amtiert fortan als Weihbischof von Krakau. Dann kommt das Epoche-machende und bis heute umstrittene Vatikanische Konzil (1962-1965), an welchem Wojtyla als polnischer Bischof teilnimmt und sich mit ihm – so die Kritik der katholischen Tradition – solidarisiert. Kein mutiges Bekenntnis zum Erhaltenbleiben der missa tridentina, des Alleinvertretungs-Anspruchs der kath. Kirche bezüglich Glaubenswahrheiten, kein Veto zu Hand-Kommunion oder zum Interreligiösen Dialog, der Ende des 20. Jahrhunderts im gemeinsamen Gebet in der Assisi-Kirche gipfeln wird, in welcher Muslime zusammen mit Christen GOTT anbeten. Dann der umstrittene Koran-Kuß Johannes Pauls II.. Doch GOTT schreibt auch auf ungeraden Zeilen gerade: Der Nachfolger-Papst, Benedikt XVI., wird 2007 durch sein mutiges Motu Proprio die klassische Liturgie wieder ins Zentrum des Katholizismus rücken und den Weg freimachen für das öffentliche Feiern der missa tridentina, wie sie vor 1962 tausend Jahre lang gefeiert wurde.

Als Weihbischof von Krakau wirkt Wojtyla mit an der deutsch-polnischen Versöhnung: 1974 betet er im KZ-Dachau für die NS-Opfer und spricht später 48 dort inhaftierte KZ-Priester selig. 1978 dann die Wahl zum Papst.

Johannes Paul II. wird in den folgenden 26 Jahren zum päpstlichen Mitgestalter der politischen Weltbühne: Es ist die Zeit des Kalten Krieges zwischen UdSSR und USA, die allmählich zu Ende geht. Der Ost-Block ist durch die hohen Rüstungs-Kosten nahe dem finanziellen Zusammenbruch, so daß Präsident Michael Gorbatschow 1985 durch „Glasnost" und „Perestroika" die Blockbildung zu beenden beginnt. Am Ende steht dann auch die Selbst-Aufgabe der DDR 1989 mit der Grenz-Öffnung und der politischen Angliederung an die BRD in der Ära Kohl

(CDU). Aber all das wäre nicht gekommen, hätte nicht der katholische, fromme, marianische Papst immer wieder die Polen durch Reisen und Gottesdienste ermutigt, dem christlichen Glauben treu zu bleiben und dem Kommunismus in Polen die Stirn zu bieten. 1989 greift die Gebets-Welle auch auf die DDR über: Mit friedlichen Montags-Demos in Leipzig und anderen Orten wird der Ruin der SED in Ost-Berlin besiegelt, bis diese dann – ohne Rükkendeckung aus der UdSSR – zurücktritt und demokratischen Wahlen den Weg ebnet.

Als Johannes Paul II. 1978 von den Kardinälen in der Sixtinischen Kapelle in Rom gewählt wird, ist er der 264. Papst in der Historie. Er ist der erste Nicht-Italiener seit Hadrian VI. (1522) und mit 58 Jahren der jüngste Papst seit Pius IX.. Seine erste Enzyklika (Redemptor Hominis) enthüllt Johannes Paul als „Menschenfreund", als „Papst der Menschenrechte", der sich für Religions-Freiheit einsetzt. Und zwar für die Freiheit der katholischen Kirche im kommunistisch-atheistischen Polen. 1979 dann seine erste Reise in sein Heimatland: 10 Millionen Polen, d. h. ein Viertel der Bevölkerung jubeln dem Heiligen Vater zu. Er hat die Herzen der Polen in der Hand – nicht der Staat – und macht ihnen Mut zum Durchhalten: „Fürchtet euch nicht!", ruft er den Katholiken zu. „Eure Heimat ist in CHRISTUS! CHRISTUS ist mit Euch!" Der Papst wird zum Symbol des Widerstands gegen die kommunistische Diktatur.

Johannes Paul II. ist eine charismatische Persönlichkeit. Wo immer er auftritt, erobert er die Herzen im Sturm. Seine Zielrichtung: JESUS CHRISTUS in die Herzen einzupflanzen. Den Glauben an SEINEN Sieg. Die Hoffnung auf SEINE Wiederkunft und SEIN Friedensreich.

Die Liebe zu IHM, der SICH in Liebe für die Seelen der Menschen hingeopfert hat. „JESUS liebt Euch!", ist die ständige Botschaft des Papstes an die leidende Menschheit.

Johannes Paul II. wird auch der „Medien-Papst" genannt. 127 Pastoral-Besuche in aller Welt sind etwas Neues in der Papst-Geschichte. Auch die jährlichen Welt-Jugend-Tage, mit denen der Papst die Herzen der jungen Menschen für JESUS gewinnen möchte. Und sie danken es ihm.

Als der inzwischen an Parkinson leidende Papst 2005 mutig und tapfer seinen körperlichen Zerfall im Fernsehen mitverfolgen läßt – während der Oster- und Weihnachts-Gottesdienste, während des jährlichen Kreuzweg-Gebetes im Kolosseum an Kar-Freitag, während des Urbi et Orbi-Segens durch den hl. Vater – liegen dem Papst junge und alte Menschen buchstäblich zu Füßen. Sie beten und leiden mit, wenn sich ihr hl. Vater auf seinen Hirtenstab stützt und mit letzter Kraft die heiligen Worte der Meßfeier spricht. Und als der ehemals sportliche und gut aussehende Papst schließlich sein Martyrium mit dem Tod besiegelt, erschallen schon die ersten Stimmen seitens der Gläubigen 2005 auf dem Peters-Platz in Rom: „Subito sancto!" – „Sofort heiligsprechen!"

Die Menschen lieben ihn. Im Jahr 2000 öffnet Johannes Paul II. die Heilige Pforte in Rom, um jeden die Barmherzigkeit GOTTES erfahren zu lassen. Wer dort eintritt, bekommt den Ablaß von seinen zeitlichen Sündenstrafen. Der Papst selbst entschuldigt sich mit dem „Mea Culpa" öffentlich für die Verfehlungen der Kirche in der Kirchengeschichte, wie z. B. Beihilfe zur Hinrichtung vieler unschuldiger Männer und Frauen während der Hexenverfolgungen im Mittelalter oder der Judenverfolgungen jener Zeit.

Der Papst lebt aus der Liebe CHRISTI heraus. Trotz der Vorwürfe seitens der katholischen Tradition – er habe den Linksrutsch der Kirche mit zu verantworten – ist es doch letztendlich die Liebe in CHRISTUS, welche die übernatürliche Qualität von Heiligkeit in einem Menschen aufleuchten läßt. GOTT allein kennt die Herzen und ist letzter Richter. Nicht wir Menschen. Und die Kirche ist eine Kirche der reuigen Sünder, nicht der Vollkommenen. Das müssen wir allen sagen, die ängstlich das Kirchenschiff verlassen möchten angesichts der Fehler im Klerus. GOTT ist barmherzig und souverän. Was gibt es Schöneres als das Aufleuchten des HEILIGEN GEISTES in einem Menschen, der mit ganzem Herzen GOTT allein sucht und dem GOTT einen Funken SEINER Heiligkeit zurück ins Herz schenkt? *R.A.*

Der Lebenskampf des Dr. Siegfried Ernst

Arzt zu werden, ist eine Berufung. Und schon als Schüler wird der Ulmer Siegfried Ernst (1915-1939) Sanitäter. Damals läßt er sich noch von der allgemeinen Stimmung mitreißen und tritt der Sanitäts-SA bei. Doch bald vollzieht er eine Wende. Im Medizin-Studium (1934-1939) wendet sich der Begabte gemeinsam mit einem Freund gegen die NS-Ideologie. Sie verfassen das Theaterstück „Faust II. Teil oder: Der Geist des 21. Jahrhunderts". Das Stück wird aufgeführt, und erstaunlicherweise hat das noch keine politischen Folgen. Der junge Mediziner ist aktiver evangelischer Christ. 1939 erhält er sogar seine Approbation.

Bis 1941 ist Dr. Siegfried Ernst medizinischer Assistent in München, heiratet 1942 und wird Sanitäts-Offizier im II.

Weltkrieg. Er arbeitet als Chirurg in Feldlazaretten, beobachtet aber genau die Vorgänge in der NS-Gesellschaft. So äußert er sich energisch gegen die Massentötung von Geisteskranken, dann gegen die Ermordung von Juden und auch gegen die Mißhandlung der Bevölkerung. Dreimal wird er in den Jahren 1943 bis 1945 strafversetzt und steht unter dem Sonderbefehl des Reichsführers der SS, Heinrich Himmler. 1945 flüchtet er in die Tschechei.

Nach Kriegsende läßt sich Dr. Ernst in Ulm nieder, wo er von 1962 bis 1967 zusätzlich als Stadtrat aktiv ist. Denn die Sorge um Deutschland bedrückt ihn. 1964 zeichnet der umfassend gebildete Mann mit anderen verantwortlich für die „Ulmer Denkschrift" gegen die Antibabypille, die das „größte Auschwitz der europäischen Geschichte" verursacht, da sie frühabtreibend wirkt. Als Gründer der „Aktion Ulm 1970" wendet sich der Arzt aktiv gegen jede Form der Abtreibung. Seinen Kampf setzt er fort als gewähltes Mitglied der Evangelischen Landessynode in Württemberg.

Siegfried Ernst darf ich in den 70er Jahren während einer Tagung der „Europäischen Ärzteaktion" in Münster kennenlernen. Dabei führe ich die Tagungs-Teilnehmer an das Grab von Kardinal Clemens August Graf von Galen im Dom. Der Kardinal hat Tausende von Behinderten durch seine Predigten gerettet und sollte nach dem „Endsieg" des NS-Regimes gehenkt werden. Alle Teilnehmer der Tagung sprechen eine heilige Verpflichtung nach: „Wir wollen nicht ruhen und rasten, bis die staatlichen Abtreibungs-Gesetze wieder aufgehoben werden."

Auch bei einem säkularen Ärzte-Kongreß erlebe ich Dr. Ernst, wie er sich wiederholt mutig in die Schanze wirft.

Ohne daß ich ihn eingeladen habe, taucht er bei einem Besinnungstag in Marienfried auf und breitet, neben mir sitzend, seine ganze Welt-Frömmigkeit zur Freude aller Zuhörer aus. Wiederholt sage ich dem Dichter, Denker und Schriftsteller: „Wir wollen deine Firmung noch auf Erden erleben." Für unseren CM-KURIER stellt er uns einen Leitartikel zur Verfügung: „Was nicht bestraft wird, scheint erlaubt."

1974 veröffentlicht er sein Werk „Das größte Wunder ist der Mensch" und stellt fest: „Der moderne Sexualismus ist keine natürliche Erscheinung, sondern eine infektiöse Geisteskrankheit der Gesellschaft, welche die Familien auflöst und die Kultur zerstört." Bereits 1982 schreibt Siegfried Ernst über das Petrus-Amt und 1998 „Auf dem Weg zur Weltkirche". 1996 erhält er die Ehrendoktor-Würde. 1995 konvertiert er zur katholischen Kirche – nach einem in seinem heiß geliebten Ulmer Münster veranstalteten Schwulen-Gottesdienst.

Er ist Vizepräsident der „World Federation of Doctors who respect human life" und Vorsitzender der Europäischen Ärzteaktion, ab 1979 Herausgeber der Zeitschrift „Medizin und Ideologie", die bis heute erfolgreich existiert und nicht nur zahlreiche Ärzte erreicht. 86jährig (2001) ruft GOTT den Kämpfer, der Seine Wunder verteidigt, heim in die Ewigkeit. Er bleibt ein Vorbild – nicht nur für Lebensrechtler. *PWP*

Mythos Hindenburg

Als Generalfeldmarschall im Ersten Weltkrieg (1914-1918) und Leiter der Obersten Heeresleitung (OHL) ist Paul von Hindenburg Anziehungspunkt und Sammelpunkt aller konservativen Kräfte in Deutschland, die für ein starkes Groß-Deutschland und den Siegfrieden kämpfen. Im Feld ist die Deutsche Armee 1918 unbesiegt, doch muß die Regierung die Kapitulation angesichts der Aussichtslosigkeit eines deutschen Sieges unterschreiben.

Eine unverantwortliche Materialschlacht ist der Krieg geworden, der die Matrosen in Wilhelmshaven meutern ließ. Die Kommunisten gründen Räte nach sowjetischem Vorbild in vielen Städten Deutschlands, US-Präsident Wilson drängt mit einem 14-Punkte-Plan auf Frieden, Philipp Scheidemann (SPD) und Karl Liebknecht (USPD) rufen die Republik bzw. sozialistische Republik aus, so daß Kaiser Wilhelm II. flieht und abdankt, ebenso die Fürsten. Deutschland ist am Rand der Anarchie. Die OHL muß sich den Ereignissen fügen. Dann der Friedensvertrag von Versailles – 1919 von den Siegermächten ohne deutsche Beteiligung als Diktatfrieden von den Deutschen unter Androhung der Weiterführung des Krieges unterzeichnet und 1920 in Kraft gesetzt – welcher mit seinen schweren Bedingungen den Deutschen eine große Last aufbürdet: Alleinschuld Deutschlands am Ersten Weltkrieg, Abgabe der Flotte und Kolonien sowie Aufgabe des Heeres bis auf 100.000 Mann, hohe Reparationszahlungen, Besetzung des Rheinlandes und große Territorialverluste bluten das Land aus. Die Friedensbedingungen sind unerfüllbar, eine große Bürde für die Weimarer Republik, die 1919 das 1000jährige Kaisertum Deutschlands ablöst.

Deutschland wird nun regiert von der Weimarer Koalition aus SPD, Zentrum und der linksliberalen DDP, doch die Konservativen sind keineswegs tot. Zu viele Menschen lieben den Kaiser immer noch und streben in ihren Herzen nach dem Fortbestand der Monarchie – mit oder ohne Parlament – und eines unabhängigen deutschen Großreiches. Sie sammeln sich in der Weimarer Republik entweder bei den Nationalliberalen (DNVP) oder seit dem Aufstieg Hitlers mit seinem Buch „Mein Kampf" (1923) im national-sozialistischen Lager. Hohe Militärposten und die Justiz sind immer noch von konservativen Wählern besetzt. Nicht jeder der Deutschen ist also Anhänger der Volksherrschaft. So wird Generalfeldmarschall Paul von Hindenburg schon 1925 zum zweiten Reichspräsidenten gewählt. Viele Deutsche sehnen sich nach der guten alten Zeit im Kaiserreich, und Hindenburg erscheint als gute Vaterfigur und starke Leitung. 1932 wird er wiedergewählt. Dann jedoch hilft er – was fatal wird – Adolf Hitler in den Sattel, als er ihn 1933 zum Reichskanzler ernennt. Falsch ist seine Hoffnung, Hitler „einrahmen" zu können.

Wer ist nun Paul von Hindenburg? Geboren wird er als ostpreußischer Adliger 1847 in Posen. Schon sein Vater ist Offizier. Paul eifert seinem Vater nach, besucht nach dem Abitur die Kadetten-Anstalt in Wahlstatt, Schlesien, und seit 1863 die in Berlin. Als Leutnant nimmt er an der Schlacht bei Königgrätz teil und kämpft 1870/71 im deutsch-französischen Krieg, welcher das zweite Deutsche Reich unter der Kanzlerschaft Otto von Bismarcks entstehen läßt. Paul von Hindenburg atmet also die Siegesluft ein von der Kaiserproklamation Wilhelms I. im Spiegelsaal von Versailles. Im neuen deutschen Kaiserreich besucht Hindenburg zunächst die Kriegs-Akademie in Berlin, die er erfolgreich absolviert: Er gehört nun zum

Generalstab, wird bald zum Hauptmann und ein wenig später zum Major befördert. Als Kaiser Wilhelm I. 1888 stirbt, hält er die Totenwache.

In den 1890ern steigt Hindenburg im Militär immer weiter auf, bis er 1896 Chef des Generalstabs des 8. Armee-Korps in Koblenz wird, und dann 1914 Oberbefehlshaber der 8. Armee. In Tannenberg kämpft er mit, in der Schlacht bei den Masurischen Seen, und wird Chef des Generalstabs des Feldheeres. Brilliant führt er das Deutsche Heer, wird immer wieder geehrt, u. a. mit dem Großkreuz des Eisernen Kreuzes und dem Hindenburg-Stern.

Gemeinsam mit Generalmajor Erich Ludendorff leitet Hindenburg die Armee an der Ostfront. Ludendorff ist Stabs-Chef, Hindenburg selbst ist ihm untergeordnet und trifft nur selten Entscheidungen. Der Sieg über die Russen bei Tannenberg macht die beiden, aber insbesondere Hindenburg, zu Helden für die Deutschen. Geschickt nutzt Hindenburg die Tatsache aus, daß einst 1410 der Deutsche Orden bei Tannenberg durch die Polen geschlagen worden ist, jetzt aber sind die Deutschen Sieger. Der Mythos Hindenburg entsteht.

1916 übernimmt Hindenburg zusammen mit Ludendorff die Oberste Heeresleitung. Der Einfluß der OHL auf die Politik ist so groß, daß Kaiser Wilhelm II. de facto entmachtet ist. Militärischer Sachzwang – so die Begründung. Hindenburg setzt den unumschränkten U-Boot-Krieg ab 1916 durch. Er ist dafür verantwortlich, daß ein Verständigungsfriede mit den Gegnern nicht zustandekommt, sondern daß die Deutschen auf einen Siegfrieden warten. Auch ist es Hindenburg, der den Diktat-Frieden von Brest-Litowsk mit Rußland ablehnt, sich aber bei letzterem nicht durchsetzen kann. Historiker sprechen sogar warnend von einer „Militär-Diktatur" der OHL.

1918 ist zwar das deutsche Heer „im Feld unbesiegt", doch die Niederlagen und die Aussichtslosigkeit sind so offensichtlich, daß Hindenburg dem Kaiser zur Abdankung rät, was Wilhelm I. dann auch 1918 vollzieht. Als nun die Große Koalition und der gewählte Reichspräsident Friedrich Ebert die Regierung der Weimarer Republik übernehmen, rät Hindenburg zur Zusammenarbeit von Heer und republikanischer Regierung, um Stabilität und Ordnung herzustellen, welche die junge Republik so dringend braucht. Mit der Unterzeichnung des Versailler Friedensvertrags von 1919 gewährt Präsident Ebert dem Chef der OHL auf Hindenburgs Wunsch hin den Abschied.

Hindenburg ist nicht ehrgeizig. Möchte jetzt in Hannover und vielen Reisen Abstand gewinnen von Politik und Krieg. Doch es kommt anders. 1925 findet keiner der Präsidentschafts-Kandidaten im ersten Wahlgang die absolute Mehrheit. Das Volk sucht einen Vater, einen Ersatz-Kaiser. Hindenburg ist 77 Jahre alt und parteilos. So wird er von den Konservativen angefragt, zu kandidieren. Er zögert, doch dann stimmt er der Kandidatur zu. Hindenburg kandidiert für den rechtsparteilichen, antirepublikanischen „Reichsblock" und tritt an gegen Wilhelm Marx aus dem „Volksblock". Hindenburg gewinnt und wird am 12. Mai 1925 vereidigt. Bis heute ist er das einzige vom deutschen Volk direkt gewählte Staatsoberhaupt.

England bleibt gelassen, als die Wahl des ehemaligen Leiters der OHL aus dem 1. Weltkrieg bekannt wird, und kommentiert: „Es liegt ja kein Friedensbruch vor." Frankreich dagegen ist besorgt, daß bald ein Revanche-Krieg gegen den

Versailler Friedensvertrag von Deutschland ausgehen werde. Und es wird Recht behalten. Doch nicht Reichspräsident Hindenburg wird der Kriegstreiber sein, sondern die Nationalsozialisten unter Adolf Hitler, die in den Wahlen während der Weltwirtschaftskrise (1929-1933) kräftig zulegen, so daß Hitler 1933 Reichskanzler wird und beginnen kann, das Weimarer Verfassungssystem auszuhöhlen zugunsten einer NS-Diktatur mit Großmachts-Bestrebungen.

Hindenburg selbst steht als Reichspräsident bis zum Schwarzen Freitag 1929 treu zur Republik, auch wenn er sie innerlich ablehnt. Er leistet den Amtseid auf die Weimarer Verfassung und wendet bis 1930 nie den Notstand-Artikel 48 an, welcher dem Staatsoberhaupt diktatorische Vollmachten gibt und das Recht, den Reichstag aufzulösen. 1930 unterzeichnet er den Young-Plan, um die Reparations-Zahlungen aus dem Versailler Vertrag zumindest ansatzweise abzuzahlen. Doch dafür erntet er massive Kritik aus dem Lager der NSDAP.

Andererseits trifft die Weltwirtschaftskrise Deutschland mit 32% Arbeitslosigkeit so hart, daß Hindenburg die Große Koalition unter Herrmann Müller (SPD) ersetzen will durch eine konservative, anti-marxistische, anti-parlamentarische Regierung. Hindenburg forciert nicht, ergreift aber die Gelegenheit, als 1930 die Große Koalition an der Frage nach der Finanzierung der Arbeitslosenversicherung zerbricht. Hindenburg beruft im März 1930 Heinrich Brüning (Zentrum) zum Kanzler eines Minderheiten-Kabinetts, ohne dabei die Parteien zu konsultieren. In der Art eines monarchischen Alleingangs.

Die Weimarer Republik scheiterte an dem Unvermögen der vielen Parteien – es gab keine 5% Sperrklausel bei

Wahlen – eine regierungsfähige Mehrheit zu bilden. Nach dem Zerbrechen der Großen Koalition in der Weltwirtschafts-Krise 1930 beginnt die Zeit der Präsidial-Kabinette. Der Reichskanzler hängt jetzt allein vom Reichspräsidenten ab, und die Regierung regiert mit Notverordnungen über den Reichspräsidenten statt durch mehrheitliche Parlaments-Beschlüsse. Allerdings kann ein Veto des Parlaments eine Notverordnung stoppen. Als der Reichstag dies tatsächlich 1930 tut, löst ihn Reichspräsident Hindenburg kurzerhand auf. Das ist fatal: Denn dies war der letzte Reichstag, in welchem demokratie-freundliche Parteien die Mehrheit hatten. In den folgenden Wahlen bekommen die Extrem-Parteien NSDAP und KPD ungeheuren Zulauf, da der Staat bankrott ist und sich das gesellschaftliche Klima radikalisiert. Hitler verspricht Arbeitsplätze und die Wiederherstellung Groß-Deutschlands, ja sogar die Weltherrschaft der arischen Rasse. So herrscht jetzt, nach der Anwendung des Notstands-Paragraphen 48 und Artikels 25 mit der Reichstags-Auflösung durch den Präsidenten tatsächlich der Staats-Notstand. Deutschland ist unregierbar und bereit für die NS-Diktatur.

Dann die Reichspräsidenten-Wahlen von 1932. Das Volk darf wieder direkt wählen und bestätigt Hindenburg in seinem Amt. Der Rechts-Rutsch ist unaufhaltsam. Alle demokratischen Parteien, einschließlich SPD und Zentrum, stehen hinter dem Monarchisten Hindenburg. Sie alle sehen, daß der Parteien-Staat versagt hat und erhoffen sich von dem greisen Hindenburg eine Führung, notfalls zurück in eine konstitutionelle Monarchie. Das kleinere Übel als eine NS-Diktatur, so hoffen sie. Doch es kommt anders. Die Zeit der Monarchie und des gottgewollten Königtums ist vorbei, stattdessen beginnt das Jahrhundert der Diktaturen: In Deutschland, in Italien, in Spanien, in Rußland und Asien.

Für den 80jährigen Reichspräsidenten wird das Eis immer dünner. Die Kamarilla, Freunde und Machthungrige aus konservativen Kreisen, u.a. auch Sohn Oskar, oktroyieren ihre Vorstellungen dem alten Mann auf und setzen ihn unter Druck. So auch Generalleutnant von Schleicher und Franz von Papen. Sie erreichen die Entlassung des Reichskanzlers Brüning, um selbst dieses Amt zu bekommen. Franz von Papen ist der erste von beiden als Kanzler. Hindenburg ist Herr seiner Sinne und hofft, durch Papens Kanzlerschaft einen „rechten" Regierungskurs. Papen plant einen Staatsstreich, um die Monarchie wieder einzuführen. Da aber verweigert von Schleicher die Mithilfe der Reichswehr, so daß Papen zurückrudern muß.

Hindenburg hat nun zwei Alternativen: Entweder ein neues Präsidial-Kabinett ohne Rückendeckung im Volk und die Gefahr eines Bürgerkrieges, oder die Bildung einer Mehrheits-Regierung im Reichstag. Diese Mehrheits-Regierung ist aber aufgrund der Wahlen von 1932 nur noch mit Beteiligung der NSDAP an der Macht möglich.

Am 19. November 1932 wünschen zwanzig Industrielle und mittelständische Unternehmer, Bankiers und Agrarier, daß Hindenburg Hitler zum Reichskanzler ernennt. Hindenburg aber beweist sich noch als unabhängig und beruft am 2. Dezember 1932 Kurt von Schleicher zum neuen Reichskanzler, damit dieser versucht, die NSDAP zu spalten und die Gruppe um Gregor Strasser an sich zu ziehen. Doch das mißlingt. Kanzler von Schleicher schlägt daraufhin vor, den Reichstag aufzulösen und unter Bruch der Reichsverfassung bis auf weiteres keinen neuen wählen zu lassen, was aber Hindenburg entschieden ablehnt. Hindenburg entzieht von Schleicher sein Vertrauen, um einem regierungslosen Deutschland zu entgehen, beißt in den sauren Apfel und ernennt am 30. 01.1933 Hitler zum Kanzler. Nur zwei Nationalsozialisten sind in der Regierung Hitlers, doch dessen Willen zur Macht kann nicht mehr gebremst werden.

Schon am 1. Februar lösen Kanzler Adolf Hitler, Reichspräsident Paul von Hindenburg und Innenminister Frick gemeinsam den Reichstag auf, erlassen diverse Verordnungen zur Außerkraftsetzung der Grundrechte und beginnen eine Verhaftungs-Welle gegen Kritiker. Dann der „Tag von Potsdam“: Alle drei eröffnen die Feierlichkeiten für die Eröffnung des neuen Reichstags am Grab Friedrichs d. Gr. in der Potsdamer Garnisonskirche. Groß-Deutschland steht auf dem Programm. Hitler und Hindenburg Seite an Seite.

Und was ist mit dem neuen Reichstag? Unter SS-Soldaten vor den Türen verzichten alle Parteien – bis auf die SPD – im „Ermächtigungsgesetz“ im März 1933 auf ihr parlamentarisches Gesetzgebungsrecht. Der NS-Führer-Staat, die NS-Diktatur unter Adolf Hitler, ist geboren. Nun kann die Regierung selbst Gesetze erlassen und ist nicht mehr auf Parlamentsmehrheiten oder die Notverordnungen des Reichspräsidenten angewiesen.

Seit Juni 1934 ist Hindenburg nicht mehr in Berlin, sondern weilt in Ost-Preußen. Sein altersbedingter Gesundheitszustand verschlechtert sich, doch ist er bis 20 Stunden vor seinem Tod bei klarem Bewußtsein. Auch Adolf Hitler erkennt er noch, als dieser ihn am 1. August auf dem Krankenlager aufsucht. Am Morgen des 2. August 1934 verstirbt Hindenburg auf seinem Gut Neudeck.

Ein tragisches politisches Ende eines gutwilligen, überzeugten Monarchisten, der in einer Traumkarriere auf den Schlachtfeldern des Ersten Weltkrieges die Herzen der Deutschen erobert. Am Ende die schreckliche Verstrickung in den Aufstieg der NS-Diktatur, die Hindenburg als der einzige Ausweg erscheint. Retten will er Deutschland, der 80jährige Feldherr und Monarchist. Doch die Verquickung von Wirtschaftskrise und chaotischer Radikalisierung im Land reißen den alten Mann mit, der doch nichts anderes will, als die gute alte Kaiserzeit und das GOTTES-Gnadentum wieder herbeizuführen. Daß Hitler dabei nicht mitmacht, ist uns heute klar. Hindenburg ist Christ, doch sein politisches Handeln ist geprägt von Realpolitik und Sachzwängen, nicht von innerer Frömmigkeit und Erstreben eines christlichen Deutschlands. Diese fehlende innere religiöse Zielrichtung läßt den Greis als Reichspräsident abirren und in eine Koalition mit der atheistischen, anti-christlichen NSDAP schlittern. Die Lehre aus all dem? „Wehret den Anfängen!" und: „Kooperiere nie mit einer Partei ohne GOTT!"   *SR.A.*

Ein Mann schwimmt gegen den Strom – Andreas Hönisch

Ganz sicher freut sich Ignatius († 1556), der Gründer der *Societas JESU* (SJ), als ihm in der ewigen Glückseligkeit bewußt wird: Der SJ entspringt 1994 die *Societas JESU et Mariae* (SJM), eine Gründung durch den Jesuiten-Pater Andreas Hönisch (1930-2008). Ihm darf ich wiederholt begegnen. Ich bin Pfarrer in der Redaktion der „neuen bildpost" in Lippstadt und, berufsbedingt, viel unterwegs. Immer wenn uns der Herrgott zusammenführt, ist der

Pater bescheiden, demütig und selbstlos. Bis in die Nacht hinein darf jeder ihn anrufen. Beide lieben wir die Jugend-seelsorge und teilen den Kampf gegen die Abtreibungs-Gesetze der 1980er Jahre. Bis heute ist Pater Hönisch bekannt und beliebt für seine vielen Fahrten mit den Europa-Pfadfindern.

Für den Schlesier aus dem Glatzer Bergland beginnt ein bewegtes Leben, als er, 22 Jahre alt, 1952 bei den Jesuiten eintritt und für 3 Jahre Philosophie-Studium nach München geschickt wird. Von 1957 bis 1960 darf er sich, noch als Novize, auf den Philippinen und in Japan dem Sprachenstudium widmen und wird sogar Dozent für Englisch und Deutsch an der Jesuiten-Uni Sophia in Tokio. Dann erst geht es bis 1964 zum Theologie-Studium nach Frankfurt/Main. 1963 wird Andreas Hönisch, 33 Jahre alt, in Berlin zum Priester geweiht und legt die ewigen Gelübde ab. Er hat sich jetzt – vor seinem Einsatz als Jugendseelsorger und Religionslehrer in Berlin – zuvor noch in Belgien zu bewähren. Weltkirche! Von 1966 bis 1977 ist er seelsorglich in Gießen tätig und dabei auch Kurat bei St. Georgs-Pfadfindern (DPSG). Von dort höre ich zum ersten Mal von ihm, da er in der großen Pause des Gymnasiums mit Schülern Rosenkranz betet. Bald darauf lerne ich ihn persönlich kennen, und zwar in den 70er Jahren in der Vorhalle des Doms zu Fulda.

Der italienische Don Gobbi, Gründer der Marianischen Priester-Bewegung, feiert im überfüllten Dom das heilige Meßopfer und predigt. Andreas Hönisch und ich stehen in der Vorhalle des Doms, beichten beieinander und stehen dann pausenlos als Beichtväter zur Verfügung – bis der Jesuit davoneilen muß, um seinen Jugendchor zu dirigieren. Bereits 1976 gründet der Ordensmann gemeinsam

47

mit Bundesleiter Günther Walter die Katholische Pfadfinderschaft Europas – mit Zustimmung der Jesuiten-Oberen. Gruppen, die sich nicht in nach-konziliare, modernistische Strömungen hineinziehen lassen wollen, haben nun eine treu katholische Führung in Pater Hönisch. Jugendlichen, die Priester werden wollen, empfiehlt er aus diesem Grunde nicht etwa den Jesuiten-Orden, sondern die Regularkleriker vom Heiligen Kreuz, früher Engelwerk genannt.

In dieser Zeit schickt KNA-Redakteur Feige uns in der Redaktion der „neuen bildpost" einen Beitrag zur Veröffentlichung, der mir das ganze Ausmaß der Angriffe gegen Andreas Hönisch bewußtmacht. Er ist seinem Orden zu konservativ und zu fromm. Seine Ordensoberen wollen ihn aus der SJ ausschließen. Anläßlich einer Rom-Wallfahrt suche ich das dortige Generalat der Jesuiten auf, um Pater Hönisch zu verteidigen. Der zuständige Ordensmann will gerade das Haus verlassen, doch ich kann ihm kurz erklären, daß wir in unserer Wochenzeitung seinen Ordens-Mitbruder verteidigen werden. Bald darauf erlebe ich den Angegriffenen selbst in Lippstadt. Während eines Vortrags mit Debatte in der progressiven St. Elisabeth-Pfarrei – Thema: Keuschheit – werde ich von KKV-Jugendlichen scharf bedrängt. In diesem Augenblick geht die Tür auf: Pater Hönisch und Pater Otto Maier, später auch SJM, suchen mich. Beide bringen sich geschickt in die Debatte ein, und wir drei machen den Anwesenden klar, was Keuschheit ist, und warum JESUS den Zölibat begründet hat. Nur ein Priester, der mit ganzem Herzen JESUS CHRISTUS angehört, ist frei für die Seelsorge. Diese Debatte vergesse ich nie. Denn mein Regenschirm – es regnet in Strömen – ist hinterher verschwunden.

Von einem späteren Provinzial wird Andreas Hönisch jede Mitarbeit in der Katholischen Pfadfinderschaft Europas verboten. Als deren Seelsorger ist er seinem Vorgesetzten zu konservativ. Nach Rücksprache mit Kardinal Ratzinger weigert sich Pater Hönisch, seine Pfadfinder im Stich zu lassen und wird daraufhin aus der Gesellschaft JESU ausgeschlossen. Bischof Joseph Stimpfle inkardiniert den heimatlosen Ordensmann im Bistum Augsburg. Während ich 1980 im Hungerstreik vor der größten deutschen Abtreibungs-„Klinik" Lindenfels sitze und gegen die Abtreibung von 100.000 Babys durch Dr. Zwick protestiere, unterstützt mich Pater Hönisch mit Jugendlichen. Wir beten gemeinsam, daß GOTT das Herz von Dr. Zwick erschüttern möge und er aufhört, Kinder umzubringen.

Wir haben keinen Erfolg. Zwick macht weiter, aber wir haben ein Zeichen gesetzt. Pater Hönisch kommt später wiederholt mit Jugendlichen nach Lindenfels zum Gebet. Einmal wird er dabei von der Polizei weggetragen. Mein Hungerstreik dauert 16 Tage. Während dieser Zeit taucht Pater Hönisch erneut auf, diesmal allein. Wir kommen ins Gespräch. Es ist 1980, sein 50. Geburtstag. „Du bist heute hier?" frage ich erstaunt. Er erzählt: „Ärzte haben meiner Mutter geraten, mich abzutreiben. Das hat sie abgelehnt, so daß ich heute hier bin, um ihr zu danken."

Ende 1980 bitten Europa-Pfadfinder ihren Seelsorger, einen neuen Orden zu gründen. So gründet der Ex-Jesuit 1988 – mit Zustimmung des Bischofs von Augsburg – in Mussenhausen den Orden „Servi JESU et Mariae". Dort leben die SJMler ihren frommen Lebensstil mit Gebet, Meßfeier, Studium, Arbeit und Jugendseelsorge. Als ich einen jungen Mann zum Ordens-Eintritt als Bruder mitbringe, erfahre ich, daß es noch keinen Brüder-Zweig gibt. Doch ich darf die missa tridentina zelebrieren, denn der junge Orden ist bi-rituell, feiert den alten und den neuen Ritus. Schon 1994 erfolgt die Anerkennung als Kongregation päpstlichen Rechts. Andreas Hönisch wird von Rom zum ersten Generaloberen ernannt und bewährt sich. Der demütige und jederzeit dienstbereite Mann ist nie auf Respekt vor seiner Person bedacht.

1995 wird der Sitz des Ordens ins österreichische Blindenmarkt, ins Bistum St. Pölten verlegt. In Deutschland vermacht einer der Verwandten von Kardinal Clemens August von Galen dem SJM-Orden den Jahrhunderte alten Stammsitz, Haus Assen bei Lippstadt, der zu einem geistlichen Zentrum wird. So nähern sich unsere Lebenswege erneut. Sogar für Kinder werden von den Jugendseelsorgern in Haus Assen Exerzitien per Internet angeboten. Eine Bemerkung von Generalsuperior Andreas Hönisch von 2007 macht Furore: „Freimaurer fördern die Globalisierung und streben die Weltherrschaft an."

Überraschend stirbt Pater Andreas Hönisch am 25. Januar 2008. Er ist 77 Jahre alt und ist dem wahren katholischen Glauben treu geblieben. Heute ist der Orden auch missionarisch in Kasachstan tätig, ebenso in Albanien, Rumänien, in der Ukraine und in Frankreich.   *PWP*

Kanzler der Wiedervereinigung – Helmut Kohl

Eines der größten Ereignisse im 20. Jahrhundert ist die Wiedervereinigung von BRD und DDR 1989 – der Bundesrepublik Deutschlands mit der Deutschen Demokratischen Republik – das Ende der deutschen Teilung, die seit 1949 die deutschen Familien auseinandergerissen hat. Die Deutsche Teilung – ein Tribut an die Alliierten, welche Deutschland seit 1945 besetzt hielten, und die sich aufgrund ideologischer Konflikte im Kalten Krieg bekämpfen. Die BRD bindet sich in den 1950er Jahren unter Kanzler Adenauer an die USA, gliedert sich in die NATO ein und bekennt sich zu sozialer Marktwirtschaft und Volksdemokratie, während sich die DDR unter dem SED-Regime in eine sozialistische Diktatur mit dem kommunistischen Rußland im Rücken entwickelt.

1964 wäre aus dem Kalten Krieg der Supermächte USA und UdSSR beinahe ein Atom-Krieg geworden, hätten nicht beide in letzter Minute einen Kompromiß in der Kuba-Krise gefunden. Die deutsche Einheit ist also eng mit der weltpolitischen Lage verzahnt. Ende der 1980er Jahre kommt nun aus Rußland grünes Licht unter Staatspräsident Gorbatschow für die Wiedervereinigung Deutschlands. Die UdSSR ist hoch verschuldet, pleite, so daß das Riesenreich seine Hegemonial-Politik einschränken muß. Zumindest vorerst. Der ganze Ost-Block ist hoch verschuldet. Gorbatschow kündigt eine Reformpolitik unter den Schlagworten „Glasnost und Perestroika" an: Öffnung nach dem Westen und Inkorporation marktwirtschaftlicher und demokratischer Elemente in die kommunistische Diktatur. Die Geister scheiden sich daran, ob und wie dies funktionieren soll, doch für die DDR heißt dies konkret: Keine sowjetischen Panzer, die eingreifen werden bei politischen Unruhen oder einem Systemwechsel in Ost-Berlin.

In der BRD regiert 1989 die CDU unter Bundeskanzler Helmut Kohl. Lange haben die Deutschen und insbesondere die CDU seit Konrad Adenauer, dem ersten Kanzler der BRD, auf die Wiedervereinigung gewartet. Adenauers Prinzip: Warten, bis sich der Osten abgewirtschaftet hat, denn dann wird der wirtschaftlich erstarkte und politisch freiere Westen wie ein Magnet auf die Ost-Deutschen wirken, und sie werden sich freiwillig der BRD angliedern. Und seine Magnet-Theorie geht auf.

Seit September 1989 demonstrieren Menschen-Massen friedlich in Leipzig: Mit Kerzen in der Hand, betend, und fordern freien Reiseverkehr in die BRD, Freiheit der Medien, Zulassung von Oppositionen im Parlament und freie Wahlen unter dem Motto: „Wir sind das Volk!" Eine friedliche Revolution ohne Blutvergießen folgt. Mitte September öffnet Ungarn seine Grenzen für aus der DDR in den Westen flüchtende Deutsche.

Verzweifelt feiert die SED-Regierung mit Pomp im Oktober den 40. Jahrestag der DDR, doch geht dies an der Wirklichkeit vorbei. Staats-Chef Erich Honecker verweigert die notwendigen freiheitlichen Reformen, auch wenn Gorbatschow ihm dringend dazu rät. Da Honecker weiß, daß Rußland ihm keine Panzer-Einheiten zur Hilfe schicken wird, geschieht das Wunder vom 9. Oktober in Leipzig: Trotz einsatzbereiter Sicherheitskräfte gegen die 70.000 Demonstranten in Leipzig kein Schießbefehl! Anders als früher. Die Mehrheit im SED-Büro setzt nun auf Verhandlungen mit dem Volk. Honecker wehrt sich und tritt schließlich zurück. Die SED-Diktatur endet.

Dann die überraschende Grenz-Öffnung zur BRD hin am 9. November: Ohne offiziellen Befehl verkündet ein Nachrichten-Sprecher, die Mauer in Berlin sei gefallen, und die Grenzen zur BRD hin seien geöffnet worden. Massen-Jubel und Massen-Flucht folgen. Die SED-Regierung löst sich schrittweise unter dem Druck des Volkes auf. Im Dezember verzichtet sie auf den Führungs-Anspruch. Eine Reform-Übergangs-Regierung unter Modrow (SED) nimmt Verhandlungen mit den demokratisch-gesinnten Gruppierungen in der DDR auf und gesteht freie Wahlen zu. Alles unter dem Druck der flüchtenden Massen in den Westen. Aus den Wahlen im März 1990 geht eine Große Koalition aus SPD und CDU unter Lothar de Maizière (CDU) als Sieger hervor: Er will die schnellstmögliche Angliederung an die BRD. Deutschland soll wieder ein Staat sein.

Helmut Kohl (CDU) ist seit 1982 Bundeskanzler der BRD. Schnell springt er auf den heranrollenden Zug auf und entwirft ein 10-Punkte-Programm für die Wiedervereinigung. Er setzt voraus, daß die DDR-Regierung legitim ist und als Vertrags-Partner gelten kann. Einen Zeitplan für die Eingliederung der DDR in das Rechts- und Wirtschafts-System der BRD gibt es nicht, wohl aber das Risiko, daß die ehemaligen Alliierten – d. h. die UdSSR, England und Frankreich – Einspruch gegen ein wiedervereinigtes Groß-Deutschland erheben werden. Doch nichts dergleichen geschieht. Im Gegenteil, das neue Deutschland wird mit seinen neuen/alten Bundesländern in die westlichen Bündnissysteme integriert, in NATO und EU. Auch Präsident Gorbatschow stimmt am 10. Februar 1990 der Wiedervereinigung zu.

Wer ist dieser Kanzler der Deutschen Einheit, dem diese ohne ehrgeiziges Streben einfach in den Schoß gefallen zu sein scheint?

Helmut Kohl ist ein Kind der Vorkriegszeit. Er wird 1930 in Ludwigshafen geboren und erlebt als Kind das Dritte Reich (1933-1945) mit. Sein Vater ist Finanzbeamter. Sein Bruder fällt als Soldat im Zweiten Weltkrieg. Das Kind Helmut ist – entsprechend der damaligen Sitte – Mitglied der Hitler-Jugend und erhält eine vormilitärische Ausbildung. Er besucht das Max-Planck-Gymnasium und macht 1950 Abitur. Dann studiert er in Frankfurt und Heidelberg Jura und Geschichte. 1956-58 ist er wissenschaftlicher Mitarbeiter am Alfred-Weber-Institut und schreibt 1958 seine Dissertation zum Thema: *„Die politische Entwicklung in der Pfalz und das Wiedererstehen der Parteien nach 1945".* Er wird zum Dr. phil. promoviert und arbeitet fortan beim „Verband der Chemischen Industrie" in Ludwigshafen als Referent.

Kohl ist liberaler Katholik. Er ist Kirchgänger, doch im Alltag rückt der Kampf um die 10 Gebote oft in den Hintergrund zugunsten von sogenannten Sachzwängen. So findet er es später unproblematisch, die Fristen-Lösung der DDR zu übernehmen und in die BRD zu übertragen: D. h. seit 1990 ist es erlaubt, ungeborene Babys bis zur 12. Schwangerschafts-Woche abzutreiben. Kein Aufschrei, daß dies Mord sei.

Seit 1947 ist er Mitglied der CDU – d. h. schon als Schüler hat er sein Herz der Politik verschrieben. Er begründet die JUNGE UNION mit. Die übliche Partei-Karriere folgt, bis Kohl 1966-1974 Landesvorsitzender der CDU von Rheinland-Pfalz wird. 1969 ist er stellvertre-

54

tender Bundesvorsitzender der CDU und 1973-1998 Parteivorsitzender. In dieser Zeit entwickelt sich die CDU zur Volkspartei. Als Bundeskanzler seit 1982 setzt er die Ost-Politik der vorangegangenen SPD-Regierung fort, obwohl die CDU diese lange bekämpft hat. Realpolitik. Eine Politik der kleinen Schritte im Kampf um die Wiedervereinigung folgt. Anders aber als Oskar Lafontaine (SPD) und Gerhard Schröder (SPD) hält Helmut Kohl in den 80er Jahren immer an der Priorität der Wiedervereinigung als außenpolitischem Ziel fest. 1987 ist es zum ersten Mal in der Nachkriegs-Geschichte so weit, daß der DDR-Staats-Chef Erich Honecker einen Staatsbesuch beim Bundeskanzler der BRD macht. Kohls Antwort: Er reist als Privatmann zu einem Gegenbesuch bei Honecker. Als Kanzler kann Kohl nicht reisen, da laut Staatsrecht Ost-Berlin zur BRD gehört und die BRD nie die Zugehörigkeit des östlichen Teils der ehemaligen Hauptstadt zur DDR anerkannt hat.

Um die UdSSR abzuschrecken setzt Kohl 1983 den NATO-Doppelbeschluß im Bundestag durch, was ihm Feinde bei der SPD, bei den GRÜNEN und in der Friedensbewegung des Volkes bringt: Neue Atomwaffen werden in West-Europa stationiert. Es ist ja die Zeit des Kalten Krieges, der atomaren Abschreckung, des Gleichgewichtes des Schreckens. Doch Kohl ist ein Kanzler des Friedens, der keinen neuen Krieg provozieren möchte. Mit Staats-Chef Francois Mitterrand trifft er sich in Verdun, wo sich beide versöhnend die Hand reichen und einen Schlußstrich unter die Hölle von Verdun von 1916 ziehen. Der minutenlange Hände-Druck der beiden geht durch die Presse. 1991 auch die Aussöhnung mit Polen, indem Kohl die Oder-Neiße-Linie als deutsche Ost-Grenze anerkennt. Im Juni 1991 zieht dann auch nach dem „Hauptstadt-Beschluß" das Parlament wieder nach Berlin. War doch Bonn immer nur eine Übergangs-Lösung gewesen.

Kohl ist nicht nur Nationalist, sondern auch Europäer. Unter seiner Mitwirkung entsteht das Schengener Abkommen, das schrittweise in Kraft tritt: 1985 entfallen die Grenzkontrollen innerhalb der EU, 1995 kommen Berufs- und Niederlassungsfreiheit sowie freier Kapitalverkehr für Europäer hinzu. Beitrittsverhandlungen mit der Türkei kann er verhindern. Dagegen will Kohl die Kompetenzen des EU-Parlaments stärken. So unterstützt er auch die Gründung der EZB, der Europäischen Zentralbank, 1999 und die Einführung des Euro in der Folgezeit.

Auch die Beziehungen zu den USA verlaufen während seiner Kanzlerschaft harmonisch: Kohl hat ein Vertrauens-Verhältnis zu den Präsidenten Ronald Reagan, George H. W. Busch und Bill Clinton. Diese wiederum unterstützen die Europa-Idee, denn den USA liegt an einem guten europäischen Absatzmarkt und Handelspartner sowie an dessen politischer Stärke gegenüber dem kommunistischen Ost-Block.

Helmut Kohl wird 87 Jahre alt, bis er 2017 – verheiratet in zweiter Ehe nach dem Tod seiner ersten Frau – in seinem Haus in Ludwigshafen stirbt.   *SR.A.*

Ein Mann, der sich Kolumbus nennt

Zeit seines Lebens weiß der Mann aus dem italienischen Genua nicht, daß er einen neuen Kontinent entdeckt. Schon mit 14 fährt Christoph Kolumbus (1451-1506) zur See, ist zugleich sehr gut in Latein und Mathematik – ein Vorteil fürs Lesen von Seekarten. 25 Jahre alt, rettet er sich schwimmend nach Portugal. Im Jahr darauf zeichnet er mit einem seiner drei Brüder Seekarten in Lissabon und heiratet eine Portugiesin. Auf einer Insel bei Madeira studiert er die Seekarten seines Schwiegervaters.

Inzwischen nimmt das Osmanische Reich hohe Zölle für den Land-Transport chinesischer Seide und indischer Gewürze. Existiert ein Seeweg? Schon Aristoteles († 322 v. CHR.) behauptet eine Westroute nach Ostasien. Roger Bacon (1294 n. CHR.) beruft sich dafür auf Seneca und Plinius. Toscanelli schreibt an Kolumbus: „Der Weg ist nicht nur möglich, sondern auch wahr und sicher." Ein Bericht über die Westfahrt eines irischen Mönches existiert, fremde Pflanzen oder bearbeitetes Rotholz werden in Madeira angespült, auf den Azoren sogar zwei fremdartige Tote. Aus alten Logbüchern lernt Kolumbus, wie man sich Passatwinde im Atlantik zunutze machen kann. 1484 stellt Kolumbus Portugals König Johann II. ausgearbeitete Pläne vor. Dessen Ratgeber winken ab.

1486 spricht der Seefahrer bei Königin Isabella I. von Aragonien vor, zieht mit dem Hof mit, der ihn ein wenig finanziell unterstützt, damit er zu keinem anderen Fürsten geht. Kardinal Gonzalez de Mendoza vermittelt eine Audienz bei der Königin. Doch der Krieg gegen das Emirat von Granada hat Vorrang. 1488 lädt König Johann II. erneut nach Lissabon ein. Wieder scheitern die Verhandlungen. Kolumbus' Bruder Bartolomeo sucht Hilfe in England und Frankreich. Auf dem Weg dorthin übernachtet Kolumbus bei Franziskanern. Pater Perez hält ihn zurück und schreibt der Königin. 1492 wird Kolumbus an den Hof zurückgerufen. Gerade kapituliert Maurenfürst Muhammad XII., das Ende islamischer Herrschaft in Spanien nach 750 Jahren. Doch wieder scheitert Kolumbus mit seinen Forderungen, Vizekönig neu entdeckter Gebiete zu werden und den erblichen Titel „Admiral des Ozeans" zu erhalten, ebenso ein Zehntel der Einnahmen von Edelmetallen.

Nun verläßt der Seefahrer den königlichen Hof. Ab nach Frankreich! Im letzten Augenblick stimmt der Schatzmeister die Königin um. Der zukünftige Entdecker kann gerade noch nach 10km abgefangen werden. Die Königin und der König, Ferdinand II. von Aragon, schließen die „Kapitulation von Santa Fe" und zahlen 2.500 Dukaten für die erste Entdeckungsreise. Mehr noch geben Freunde, Förderer und frühere Arbeitgeber. Drei Schiffe stechen am 3. August 1492 in See: Als Flaggschiff die Karacke „Santa Maria", unter deren Schutz die Fahrt steht. Zwei Karavellen begleiten sie. Noch wissen sie nicht, daß sie 8 Monate unterwegs sein werden.

Sie wissen auch nicht, daß Amerika einst von Asien aus besiedelt ist und um das Jahr 1000 bereits von Isländern entdeckt, vor allem von Leif Eriksson. Erst Amerigo Vespucci († 1512), der Südamerikas Küsten abfährt, weiß: Das ist ein neuer Kontinent. Der deutsche Kartograph Martin Waldseemüller († 1520) wählt 1507 deshalb den Namen Amerika. Doch die erste Fahrt des Kolumbus steht unter keinem guten Stern. Einer Karavelle bricht das Steuerruder. Ihr Dreiecks-Segel muß gegen ein Rahsegel ausge-tauscht werden. Ein Monat Aufenthalt auf den Kanaren. Dann ins Ungewisse.

Das erhaltene Bordbuch berichtet: Matrosen sind nahe der Meuterei, auch Offiziere. Rauchwolken eines Vulkans auf Teneriffa erschrecken. Daß der Kompaß jetzt vom Norden abweichen muß, ist noch unbekannt. Ein Gebiet ohne Naturgesetze? Viele wollen umkehren, als ein Vogel über dem Schiff kreist. Kolumbus erklärt: „Ein Vogel entfernt sich nie mehr als 100 Meilen vom nächsten Ufer." Tags darauf treiben Äste im Atlantik. Doch erst einen Monat später kommt der erlösende Ruf aus dem Mastkorb: „Land!". Am 12. Oktober 1492 landen sie auf einer Insel der Bahamas. „San Salvador" nennt Kolumbus sie, „Heili-ger Erlöser", „Retter".

Der Entdecker ist überzeugt, im Süden Japans gelandet zu sein. Doch genau am Geburtstag JESU läuft die „Santa Maria" auf eine Untiefe. Aus den Trümmern errichten die Seefahrer die Festung „La Navidad", „Weihnachten". Hier bleibt ein Teil der Mannschaft zurück – doch im Streit untereinander und mit den „Indios", wie Kolumbus die Eingeborenen nennt, sterben alle. Auf der Heimfahrt gera-ten die beiden Schiffe in Azoren-Stürme, treffen aber ein-ander wieder in Palos. Ein Triumphzug! Papst Alexander VI. bestätigt das Anrecht Kastiliens auf die neuen Gebiete. Schon kurz darauf bereitet Kolumbus die zweite Fahrt vor. Sie wird 3 Jahre (bis 1496) dauern. Kolumbus verspricht den Geldgebern Gold und Sklaven. 1.500 Abenteurer ste-chen auf 17 Schiffen in See. Bereits 1494 schließen Spa-nien und Portugal einen Vertrag, so daß Brasilien später Portugal zugesprochen wird.

Auf Hispaniola entsteht ein neues Fort. Doch als Kolumbus dorthin zurückkehrt, sind die Siedler zerstritten und die Indios ihre Feinde. Gegen den Willen des Königspaares, das an zukünftige Christen denkt, werden 1.600 Indios versklavt, 550 mit nach Europa genommen. Fast jeder zweite von ihnen stirbt unterwegs. Königin Isabella befiehlt, alle freizulassen und heimzubringen. 1495 kommt ihre Untersuchungs-Kommission nach Hispaniola. Kolumbus läßt seinen Bruder als Kommandanten zurück, segelt heimwärts und gewinnt erneut die Hilfe der Königin. Seine 3. Fahrt wird zweieinhalb Jahre dauern, bis 1500. 1498 trifft er noch den Portugiesen Vasco da Gama, der die Südspitze Afrikas umschifft. In der „Neuen Welt", so sein Logbuch, muß er erleben, wie die Siedler rebellieren. Er schlichtet und sucht Indios zu CHRISTUS zu führen. Doch stärker noch ist seine Suche nach Gold, um die Geldgeber zufriedenzustellen. Die Siedler erhalten Pflanzland und Indios als Arbeiter. Doch viele der letzteren sterben durch eingeschleppte Krankheiten.

1499 wird Kolumbus in Spanien abgesetzt. Der neue Gouverneur läßt ihn und seinen Bruder in Ketten nach Spanien bringen. Der Abgesetzte weigert sich, die Ketten abzulegen, bevor er der Königin begegnet. Er wird begnadigt, bleibt aber abgesetzt. Dennoch darf er 1502 für zweieinhalb Jahre mit 4 Karavellen zur 4. Fahrt aufbrechen. Erstmals erreicht er Honduras, das Festland, ohne es zu ahnen. Auf einem der Schiffe sind Kaplan Fray Alejandro und drei Privatleute. Unterwegs muß ein Boot wegen des Schiffs-Bohrwurms aufgegeben werden. Bereits 1.500 verteidigen Franziskaner die Indios gegen Mißhandlungen. 1538 formuliert Papst Paul III. feierlich die Rechte der Südamerikaner.

Beim Handel erkennen Indios, wie sie betrogen werden. Kolumbus rettet alle, indem er aufgrund seines Wissens eine vollständige Mondfinsternis voraussagt, ein Strafgericht. Da er den Mond wieder auftauchen läßt, kommt der Handel erneut in Schwung. Ein Jahr lang werden 3 Schiffe repariert, da auf den 4 Reisen 9 Schiffe verlorengehen.

Erst 55 Jahre alt, stirbt Kolumbus in Spanien 1506. Noch nach seinem Tod tritt er die 5. Reise an. Seine Gebeine kommen von Spanien in die Kathedrale von Santo Domingo, von dort nach Havanna auf Kuba, dann erneut nach Sevilla. Benannt nach dem Entdecker ist Kolumbien, ebenso der Mondkrater Colombo. Auch zahlreiche Musikstücke besingen den Entdecker. Latein-Amerika hat sich dem christlichen Glauben geöffnet, auch wenn ihm die Schwächen der Entdecker geschadet haben. Die vielen Missionare, die in den kommenden Jahrzehnten damals nach Südamerika ausreisen, kehren lebenslang nicht mehr nach Europa zurück. *PWP*

Mutter der Armen und Kirchengründerin – Ida von Herzfeld

Die heilige Ida von Herzfeld, NRW, stammt aus dem Geschlecht der Karolinger. Ihr Glaube und ihre christliche Nächstenliebe prägen das frühe Mittelalter und erreichen die Herzen ihrer Umgebung. Als sie 825 stirbt, gilt sie als Heilige. Ihr Großvater ist Karl Martell, der große Feldherr und Herrscher, der die Muslime 732 bei Tours und Poitiers in Frankreich schlägt und damit Europa vor der Islamisierung bewahrt.

Idas Vater, Graf Theoderich, wohnt am Rhein und zieht gemeinsam mit dem Franken-König Karl – dem späteren Kaiser Karl d. Gr. – in den Krieg, um ein christliches Großreich aufzubauen. Dazu müssen die germanischen Stämme östlich des Rheins unterworfen werden. Da bringt er eines Tages, als Ida etwa 14 Jahre alt ist, einen verwundeten Soldaten an den Hof, den Ida gesundpflegt. Es ist Ekbert, der beste Heerführer König Karls. Ida verliebt sich in ihn, er auch in sie, so daß er nach seiner Genesung um Idas Hand anhält. Die Hochzeit ist eine echte Liebesheirat. Kurz darauf trifft König Karl ein und erhebt den tapferen Soldaten Ekbert in den Herzogen-Stand. Ekbert wird zum Herzog ernannt und bekommt riesige Ländereien an Rhein und Weser – im heutigen Nordrhein-Westfalen – zur Verwaltung. Dorthin siedelt das junge Brautpaar 786 über.

Ekbert und Ida sind von der Armut und dem Leid der Menschen an der Lippe erschüttert. Sie verteilen Säcke mit Korn, um den Hunger der Menschen zu stillen. Stoffe für Kleidung, Saatgut und Tiere folgen für die armen Bauern. Diese sind unendlich dankbar und preisen GOTT für die Großherzigkeit des Herzogs und seiner Frau.

Als sie ihre Zelte an der Lippe beim heutigen Herzfeld (altsächsisch: Hirutveldun, Hirschfeld) aufschlagen, hat Ida einen außergewöhnlichen Traum: Sie erblickt einen Engel, der sie beauftragt, am hiesigen Ort eine Kirche zu bauen. Die Gründung einer GOTTES-Hauses in Herzfeld ist nun ihre Sendung, was ihr ganzes künftiges Handeln und Mühen als Herzogin bestimmt. Gemeinsam mit ihrem Ehemann und dem Hausgeistlichen setzt sie den göttlichen Auftrag um, und ein GOTTES-Haus entsteht. Jeden Tag schauen entweder der Herzog oder Ida nach, wie weit der Bau ist. Alle Menschen sollen erfahren, wie gut GOTT ist. Sie sollen im Glauben an JESUS CHRISTUS ihr schweres Leben meistern und Freude ins Herz bekommen. Beim Bau der Kirche helfen alle Bauern des Umlandes mit und erhalten dafür Naturalien. Heute ist die Kirche von Herzfeld eine Wallfahrts-Basilika, in deren Krypta das Grab der hl. Ida ist und von Tausenden von Gläubigen verehrt wird. 2011 vollzieht der Bischof von Münster den feierlichen Akt der Erhebung der Kirche zur Wallfahrts-Basilika. Heute noch rufen die dort betenden Menschen die hl. Ida um Schutz und Hilfe und Fürsprache bei GOTT an.

Die Ehe des Herzogen-Paares ist glücklich. Im Mittel-punkt steht JESUS CHRISTUS und die Feier der hl. Messe. Jeden Tag preisen sie GOTT für Seine Größe und Güte und bringen IHM ihre Bitten dar. Sie bekommen fünf Kinder. Als diese das Erwachsenen-Alter erreichen, erkrankt Herzog Ekbert schwer und stirbt im Jahre 811. Ida läßt ihn an der Seite der von ihr gegründeten Kirche in Herzfeld beerdigen. Über seinem Grab an der Süd-Seite baut sie sich ein kleines Gemach, einen Portikus, um dort in Gebet und Zurückgezogenheit zu wohnen. Sie lebt jetzt buchstäblich neben dem Altar. Ihre Gebete sind ein Flehen zu GOTT um das Wohlergehen ihres Volkes. Sie läßt einen Stein-Sarg anfertigen und füllt ihn zweimal täglich mit Kleidung und Lebensmitteln für Bedürftige. Davon gibt sie den Armen jeden Tag zu essen und den Frierenden Kleidung. Die Menschen lieben ihre Herzogin und dan-ken GOTT.

Es wird sogar berichtet, daß einmal ein von Jägern verfolg-ter Hirsch bei Herzogin Ida Schutz sucht. Ida nimmt sich des verfolgten Tieres erbarmend an, hebt den Hirsch auf ihre Arme und schützt ihn so vor den Jägern. Daher auch der Hirsch im Wappen von Herzfeld: „Plötzlich hörte Ida laute Jagdhörner und wildes Hundegebell aus der Ferne. Sie sah einen jungen Hirsch in Richtung Waldlichtung zulaufen. Ida nahm den Hirsch in die Arme und beruhigte ihn. Die Jäger auf ihren Pferden sahen Ida mit dem Hirsch und kehrten um. Sie hatte dem Hirsch das Leben gerettet. Der Hirsch blieb bei Ida und half mit beim Bau der Kirche. Er trug auf seinem Rücken schwere Steine durch die Lippe bis zum anderen Ufer, an dem die Kirche erbaut wurde. Nach dem langen Bau errichteten viele Menschen um die Kirche herum ein Dorf: Das heutige Herzfeld an der Lippe." Der Hirsch im heutigen Stadt-Wappen ist Sinnbild für die heidnischen Sachsen, welche bei der hl. Ida Schutz und Hilfe fanden.

Als Ida 825 stirbt, pilgern die dankbaren Menschen weiterhin zu ihrer Klause in der Herzfelder Kirche. Diese wird zur ersten Wallfahrts-Stätte Westfalens. Schon bald nach ihrem Tod erleben Pilger Wunder am Grab der guten Landesmutter Ida.

Schon ein Jahrhundert später erhebt der Bischof von Münster Idas Gebeine zur Ehre der Altäre. Das galt damals wie eine Heiligsprechung. Der Bischof erkennt jetzt offiziell ihre GOTT-Erwähltheit an, d. h. ihre spezifische Sendung für die Menschheit, sowie ihr vorbildliches christliches Leben, welches Leid heroisch im Vertrauen auf GOTT trägt und ganz in GOTT aufgeht. Bis heute gilt die hl. Ida als Schutzpatronin der Armen und Schwachen. In der Krypta der Basilika von Herzfeld steht der Stein-Sarg, in welchem Ida beerdigt wurde. Daneben ein goldener Schrein mit ihren Reliquien. *SR.A.*

64

Der Vater der Quanten-Theorie – Max Planck

Wer über den Friedhof in Göttingen pilgert, wird auch das Grab des berühmten deutschen Physikers Max Planck finden. Der Entdecker der Quanten-Theorie wandte sich in den letzten Jahren vor seinem Tod insbesondere den Grenzfragen des menschlichen Daseins zu. Beeinflußt von den Philosophen Immanuel Kant und Adolf Harnack, wendet er sich jedoch schließlich dem uneingeschränkten Glauben an GOTT zu und kommt zu dem Schluß, daß die Naturwissenschaft als ein wissenschaftlich-empirisches Erkennen zu Gott hinstrebt. Er erkennt GOTT als den Logos, als den Anfang und das Ende allen Seins. Der Wissenschaftler Max Planck bejaht die geglaubte Wirklichkeit GOTTES. Bis zu seinem Tod ist er evangelischer Christ.

Geboren wird er im Jahr 1858. Deutschland ist in den Nachwehen der Revolution von 1848, in welchen sich die Deutschen eine parlamentarische Verfassung mit einem vom Volk gewählten König hatten geben wollen. Doch dies scheiterte am preußischen König, welcher die ihm von der Paulskirche angetragene Krone zurückwies, da er am GOTTES-Gnadentum, also dem Geburtsrecht, festhielt und sich nicht vom Volk abhängig machen wollte. Eine Zeit der monarchischen Restauration, aber auch des Ringens des Bürgertums um eine parlamentarische Monarchie, Wirtschafts- und Religionsfreiheit. So erlebt der junge Max Planck die Gründung des Zweiten Deutschen Reiches 1871 sowie die Kanzlerschaft Otto von Bismarcks unter Kaiser Wilhelm I., welche erstmals in der deutschen Geschichte Parteien im Reichstag zuläßt, die das Geschick der Deutschen zusammen mit einem starken Kanzler und dem Kaiser bestimmen.

Max wächst in einer Gelehrtenfamilie heran. Sein Großvater war Theologie-Professor in Göttingen, sein Vater Jura-Professor in Basel, Greifswald und Kiel. Auch seine Mutter ist geistig rege, sehr lebhaft und verkehrt gerne in den akademischen Kreisen Münchens, wo sie sehr beliebt ist. Max besucht bis 1867 die Schule in Kiel, dann zieht die Familie nach München um, wo der begabte Junge das Maximilians-Gymnasium besucht. Seine Lehrer schätzen den vielseitig begabten Knaben, insbesondere seine Fähigkeit zum klaren und logischen Denken. Mit 16 besteht er als Viert-Bester seines Jahrgangs das Abitur.

Die Berufswahl ist nicht leicht für den begabten Abiturienten: Er besitzt ein absolutes Gehör und spielt seit langem Orgel, Cello und Klavier. Regelmäßig spielt er die Orgel im GOTTES-Dienst. Max singt hervorragend, ist Mitglied in verschiedenen Chören. Auch komponiert er kleine Lieder, meist für Theater-Stücke. Sogar eine Operette – „Liebe im Walde" – schreibt der Jugendliche. Doch Max entscheidet sich nicht für das Musik-Studium, sondern für die Physik. Dies scheint ihm handfester und perspektiven-reicher für die Zukunft.

1874 also nimmt er an der Münchner Uni das Mathematik- und Physik-Studium auf. Thema der Forschung ist derzeit die Bestimmung der Erdbeschleunigung. Der Dozent Jolly führt diverse wissenschaftliche Experimente zu dieser Thematik durch, so daß Max die Schwierigkeiten der Wissenschaft kennenlernt. Max selbst experimentiert auch selbstständig: Er testet z. B.

66

die Diffusion von Wasserstoff bei erhitztem Platin. Der Student bildet sich weiter in Italien, studiert einige Semester in Berlin. Die Wärme-Theorie hat es ihm angetan. 1878 dann das Staats-Examen in München. Er ist nun berechtigt, Mathe und Physik an Gymnasien zu unterrichten. Doch Planck bleibt lieber an der Uni. Wie seine Vorfahren strebt er eine Universitäts-Laufbahn an. Schon ein Jahr später reicht er seine Dissertation „Über den zweiten Satz der Thermodynamik" ein und bekommt die lobende Bestätigung: „Weit mehr geleistet als verlangt war!" Note 1 mit Auszeichnung – „Summa cum laude!" Auch die schriftliche Prüfung zur Promotion bereitet ihm keine Schwierigkeiten, so daß er 1879 nach seinem Vortrag über die „Entwicklung des Begriffs der Wärme" promoviert wird.

1880 dann auch die Habilitation in München. Er ist lediglich 22 Jahre alt. Sofort hält er an der Uni München Vorlesungen zum Thema analytischer Mechanik. 1885 erhält er von der Universität in Kiel den Ruf als Extraordinarius für „Theoretische Physik". Der Professor Max Planck kann in Kiel seine Reputation als Physiker ausbauen. Er nimmt teil an einem von der Göttinger Uni ausgeschriebenem Wettbewerb zu der Frage: „Was ist das Wesen der Energie?" Planck schreibt dazu eine Monographie – „Das Prinzip der Erhaltung der Energie" – und erhält den zweiten Preis.

Auch sein Privat-Leben verläuft harmonisch. Er heiratet seine langjährige Freundin Marie Merck, und seine ersten Kinder werden geboren.

1889 möchte nun auch die Friedrich-Wilhelm-Universität in Berlin den Physik-Professor bei sich haben. In Berlin angekommen, tritt Planck auch der „Deutschen Physikalischen Gesellschaft" bei und wird zusätzlich in die „Königlich Preußische Akademie der Wissenschaften gewählt". Mit seinen 35 Jahren ist Max Planck dort der Jüngste unter den durchschnittlich 60jährigen Wissenschaftlern. Seine Vorlesungen an der Berliner Uni beinhalten die Gebiete Mechanik, Elektromagnetismus, Optik und Thermodynamik, jeweils im drei Jahres-Rhythmus. Seit Mitte der 1890er Jahre beschäftigt er sich mit Strahlungs-Gleichgewichten und versucht, die Strahlungs-Gesetze aus thermodynamischen Überlegungen heraus abzuleiten. Planck ist Theoretiker, Denker, weniger der Praktiker, der Experimente durchführt. 1900 gelingt es ihm, die Strahlung „Schwarzer Körper" zu berechnen und hierfür eine Gleichung aufzustellen.

Und er legt den Grundstein für die Quanten-Physik: Er findet heraus, daß die Oszillatoren, d. h. die Strahlungs-Träger, nur bestimmte Energie-Zustände erlauben. Er führt in diesem Zusammenhang eine „Natur-Konstante" in die Physik ein, auch „plancksches Wirkungs-Quantum" genannt. Dabei kommt ihm 1905 auch eine Schrift Albert Einsteins – derzeit noch unbekannt – in die Hände, in welcher Einstein seine „Spezielle Relativitäts-Theorie" darlegt. Planck ist begeistert und verhilft dem Werk Einsteins zur Reputation. Planck nimmt Briefkontakt zu Einstein auf. Schon 1908 ist Einsteins Relativitäts-Theorie in den Berliner Fachkreisen anerkannt.

Im Privat-Leben dann jedoch tiefe Trauer: Nach 23 Jahren glücklicher Ehe stirbt seine Frau 1909 an Tuberkulose. Für den Professor geht eine Welt unter. Er flüchtet in die Wissenschaft. Will aber auch ein guter Vater sein.

So heiratet er ein zweites Mal, und zwar die Nichte seiner verstorbenen Frau. Max Planck ist 53 Jahre alt, seine neue Frau – Margarete von Hoeßlin – ist 25 Jahre jünger.

Inzwischen ist der Erste Weltkrieg (1914-1918) zu Ende gegangen, und eine neue Welt entsteht aus der Asche. Der Kaiser und die Fürsten haben abgedankt, das Volk wählt nun in der Weimarer Republik seine Regierung selbst. Der verlorene Krieg belastete die junge Republik mit hohen Reparations-Zahlungen, Inflation, Bürger-kriegs-Szenen, politischen Morden, bis zwischen 1923-1929 eine gewisse Stabilität eintritt. 1929 dann die Weltwirtschafts-Krise mit dem Aufstieg Adolf Hitlers zum Reichskanzler 1933. Auch an die Universitäten tritt nun die jüngere Generation. Auf Max Planck aufbau-end, entwickeln sie die moderne Quanten-Mechanik. Dennoch ist Planck in der neuen Republik die entschei-dende Autorität auf dem Gebiet der Physik.

Der neuen Generation steht Planck jedoch skeptisch gegenüber. Er ist weiterhin bemüht, die Strahlungs-Gesetze mit der klassischen Physik in Einklang zu brin-gen. So entwickelt er in den 1920er Jahren seine „zweite" und „dritte Quanten-Theorie". Wegweisend bleiben Plancks Erkenntnisse, daß es auch auf dem absoluten Nullpunkt noch Atom-Schwingungen geben muß.

Politisch ist Max Planck ein Monarchist. Er liebt den Kaiser von Herzen und begrüßt als Patriot den Eintritt Deutschlands in den Ersten Weltkrieg. Er unterschreibt 1914 die „Erklärung der deutschen Hochschul-Lehrer des Deutschen Reiches". Darin heißt es: „Unser Glaube ist, daß für die ganze Kultur Europas das Heil an dem Siege hängt, den der deutsche Militarismus erkämpfen wird". Die Niederlage Deutschlands 1918 ist dann natürlich ein harter Schlag für den Physiker. Er aber vertieft sich in seine wissenschaftliche Arbeit unter der Parole: „Durchhalten und weiterarbeiten!"

Er tritt der DVP bei – den Nationalliberalen mit revisionistischen außenpolitischen Zielen. Planck lehnt das allgemeine Wahlrecht in der Weimarer Republik ab und führt den Aufstieg Hitlers auf dieses zurück. Die NS-Diktatur sei, so Planck, zurückzuführen auf das „Emporkommen der Herrschaft der Masse". Planck ist religiös. Schon als Kind besuchte er regelmäßig den GOTTES-Dienst, ab 1920 zählt er zu den „Kirchenältesten im Gemeinde-Kirchen-Rat". Seine religiöse Heimat ist die evangelische Grunewald-Gemeinde.

Als Hitler 1933 an die Macht kommt, ist Max Planck 74 Jahre alt. Als Präsident der „Kaiser-Wilhelm-Gesellschaft" ist er dem neuen Regime gegenüber loyal. Seine Parole der 1920er „Weiterarbeiten und durchhalten!" gilt leider nicht mehr für die Jahre bis Kriegs-Ausbruch 1938. Problematisch sein Brief als Präsident der Wissenschaftler an NS-Innenminister Frick 1933: Die „Kaiser-Wilhelm-Gesellschaft ist bereit, sich systematisch in den Dienst des Reiches hinsichtlich der rassenhygienischen Forschung zu stellen". Dem 74jährigen Physiker scheint es zu ergehen wie dem greisen Reichspräsidenten von Hindenburg, der sich ebenfalls 1933 in das NS-Fahrwasser begibt, da die demokratischen und monarchischen Kräfte keinen Weg aus der Weltwirtschafts-Krise und dem Zusammenbruch der Großen Koalition von 1930 finden.

Die „NS-Gleichschaltungs-Gesetze" und das „Berufs-Beamten-Gesetz" entheben Hunderte von jüdischen Pro-

70

fessoren und Wissenschaftlern ihrer Ämter. Viele von Plancks Freunden gehen ins Ausland. Als ihm der Kollege Otto Hahn vorschlägt, eine gemeinsame Erklärung abzugeben, um sich der Ausgrenzung der jüdischen Wissenschaftler entgegenzusetzen, erwidert Planck lakonisch: „Wenn Sie heute 30 solcher Herren zusammenbringen, dann kommen morgen 150, die dagegen sprechen, weil sie die Stellen der anderen haben wollen." Planck ist ein Wissenschaftler und Theoretiker, kein Praktiker und kein Politiker. So duldet er die NS-Herrschaft. Für einen Einzelnen – den Wissenschaftler Fritz Haber – setzt sich Planck jedoch 1933/34 bei Hitler persönlich ein. Erfolglos. Haber stirbt im Exil. „Durchhalten und weiterarbeiten!" – hören wir wieder die Parole des greisen Physikers.

Doch das politische Klima wird rauher. Mitte der 30er Jahre gehen die Nazis gegen alle Vertreter der theoretischen Physik vor. Sie untersuchen auch den Stammbaum von Max Planck und finden heraus, daß er 1/16 jüdisches Blut in den Adern hat. Die SS-Zeitschrift polemisiert gegen Planck, Sommerfeld und Heisenberg als „weiße Juden". Planck aber überlebt. 1938 feiert er seinen 80. Geburtstag. 900 Gratulanten. Allen antwortet er persönlich. Inzwischen verleiht das NS-Regime auch die Max-Planck-Medaille an führende Wissenschaftler.

Dann aber wird 1938 die wissenschaftliche Akademie Max Plancks von der NS-Regierung gleichgeschaltet. Planck protestiert und tritt zurück. Von nun an reist er viel in ganz Europa, um Vorträge zu halten. Seine Heimat ist weiterhin Berlin, auch als 1939 der Zweite Weltkrieg ausbricht. Als 1943 dann aber der Luftkrieg auf Berlin beginnt, flüchtet er zu dem Industriellen Carl Still auf der

Burg Rogätz. Max Planck ist trotz seines hohen Alters und der Kriegs-Situation voller Energie: „Mir ist der brennende Wunsch gewachsen, die Krise durchzustehen und so lange zu leben, bis ich den Wendepunkt, den Anfang zu einem Aufstieg, werde miterleben können." Er denkt weniger an einen unbedingten Sieg der NSDAP mit ihren Weltherrschafts-Plänen als an einen moralischen Neu-Anfang. Er lehnt die Kriegs-Verbrechen ab und hofft als Christ auf einen christlichen Staat mit Geltung der Menschenrechte: „Es müssen schreckliche Dinge geschehen, wir haben schreckliche Dinge getan."

1943 erlebt er den Luft-Angriff auf Kassel mit. Seine Verwandten werden ausgebombt. 1944 dann der nächste Schlag: Am 21. Juli 1944 scheitert das Stauffenberg-Attentat auf Hitler, und Plancks Sohn Erwin wird Mit-Täterschaft vorgeworfen. Erwin wird von der Gestapo gefangen gehalten. Vater Planck schreibt Eingaben an Himmler, Göring und Hitler, dessen Unschuld beteuernd. Umsonst. Sein Sohn wird zum Tode verurteilt. Am 23. Januar 1945 wird er in Plötzensee hingerichtet.

1944 dann auch der Angriff auf die Burg Rogätz. Das Ehepaar Planck flüchtet in den benachbarten Wald, heimatlos, findet Unterschlupf bei einer Melker-Familie, dann bei Verwandten in Göttingen. Planck und seine Frau überleben. Sein Wunsch ist erhört worden. Der Wissenschaftler erlebt den Wiederaufbau nach 1945 mit. Von Göttingen aus baut Ernst Telschow die Kaiser-Wilhelm-Gesellschaft wieder auf. Max Planck wird kommissarischer Präsident. Otto Hahn tritt 1946 seine Nachfolge an, als er aus der englischen Internierung entlassen wird. Da die britische Besatzungsmacht auf einer Umbenennung der Gesellschaft besteht, heißt sie fortan „Max-Planck-

Gesellschaft". Planck selbst wird Ehrenpräsident. 1947 stirbt der Wissenschaftler nach mehreren Schlaganfällen. Er wird auf dem Göttinger Friedhof neben weiteren Nobel-Preis-Trägern beigesetzt. *SR.A.*

„Betet doppelt!" –
Bischof Karl Borromäus von Mailand

Als 1576 die Pest in Mailand ausbricht, flüchtet die Stadtregierung. Sie hat Angst, sich anzustecken. Einige Beamte bitten Carlo Borromeo, den 38jährigen Bischof, die Leitung der 120.000 Einwohner zu übernehmen. Er willigt ein, trifft aber sofort seine Anordnungen: Pestkranke haben bestimmte Plätze in den Kirchen und eigene Weihwasserbecken. Doppelt so viele Meßfeiern wie zuvor. Jede Woche drei Bitt-Prozessionen, um GOTT gnädig zu stimmen und für eigene Sünden Buße zu tun. An der Spitze der Prozession geht barfuß der Bischof. An 19 Säulen, für Kranke vom Zimmer aus einsehbar, finden morgens öffentliche Messen statt. Priester reichen die Kommunion durch Hausfenster in den Mund. Ganz Mailand verdoppelt seine Gebete. Während der 2 Pest-Jahre organisiert der Bischof die Versorgung der Kranken. Er baut 6 neue Spitäler. Um Waisenkinder zu kleiden, läßt er die Seidentapeten im bischöflichen Palast herunterreißen. Der Bischof selbst lebt 10 Monate lang von Wasser und Brot. In Mailand sterben – mit 17.000 Menschen – weit weniger als in anderen Städten. Auch 130 Priester sterben an der Pest, vom Beispiel ihres Bischofs mitgerissen. Ein Vorbild für Kirche in Corona-Zeiten!

Wer ist dieser Karl Borromäus (1538-1584), der schon mit 12 Jahren Abt der Benediktiner-Abtei von Arona wird, aber keinen Cent der Einnahmen anrührt? Mit 14 Jahren hat er das Studium des weltlichen und kirchlichen Rechts in Pavia aufgenommen und wird Doktor beider Rechte mit Auszeichnung. Dabei überanstrengt er sich und muß mehrmals heimkehren. Der vorbildliche Vater, der morgens und abends beim Gebet kniet, stirbt, als Karl 20 ist. Als sein Onkel Giovanni Angelo Medici 1559 Papst Pius IV. wird, macht dieser seinen Neffen (22) zum Geheim-Sekretär und päpstlichen Kanzler, der mit den Großen in aller Welt zu korrespondieren und den Besitz des Vatikan zu verwalten hat. Von fern betreut er sein Erzbistum Mailand, wohnt aber luxuriös in Rom, hält literarische Zirkel und veranstaltet mit seinem Hofstaat von 150 Personen rauschende Feste. Als Federico, der Bruder des 24jährigen, plötzlich 1562 stirbt und Kanzler Karl auch noch Ignatius von Loyola und Philipp Neri begegnet, kehrt er um. Sein Hofstaat schrumpft. Einen Tag jeder Woche fastet er. Doch seine Familie will, daß er seine Kirchen-Karriere aufgibt und heiratet. Er soll das Familien-Erbe übernehmen, doch er ordnet nur die Verwaltung und teilt das Erbe.

Der Asket („GOTT vermag alles!"), sieht Geld nur wie ein Weizenkorn. Es muß in die Erde gesät werden – das sind für ihn die Armen -, um Frucht zu bringen. Er widmet sich aber auch Einzelnen. Den mit ihm verwandten Aloisius von Gonzaga bereitet er auf die Erstkommunion vor. Später stirbt dieser als Jesuiten-Novize mit 23 Jahren in Rom bei der Pflege von Pestkranken. 1561 bis 1563 koordiniert der 23jährige Carlo Borromeo die Stimmen beim Konzil zu Trient (1545 bis 1563) in dessen 3. Sitzungs-Periode, der Antwort auf die Herausforderung durch die Reformation. Und er bemüht sich um den Abschluß des Konzils. Dessen Beschlüsse kennt er auswendig, und so leitet er die Herausgabe des „Römischen Katechismus", der bis 1992 (!) maßgeblich ist. Erst 1563 wird Borromäus, 25 Jahre alt, zum Priester geweiht und wird zwei Jahre später Erzbischof von Mailand. Hier haben 80 Jahre lang Bischöfe nur durch ihre Stellvertreter gewirkt. Manche Kirchengebäude sind verwahrlost. Der neue Erzbischof macht seinen Palast zum Kloster. Obwohl der Bischof viel betet, besucht er fast alle 800 Pfarrgemeinden seines Bistums. Zu Fuß ist er in den Alpentälern vom Tessin bis Basel unterwegs und trägt selbst sein Gepäck. Er gründet Seminare, widmet sich den Kindern und sendet Volksmissionare aus.

1569 überlebt Erzbischof Borromäus einen Mord-Anschlag. 1573 exkommuniziert er den spanischen Vizekönig von Mailand. Seine Priester mahnt der Unermüdliche: „Vergiß dich selbst nicht bei deiner Seelsorge!" Maria ist für ihn die Himmelsleiter. Doch im Kampf für den katholischen Glauben scheut er leider auch vor Gewalt nicht zurück. Schon mit 46 Jahren stirbt der Erzbischof, über dessen Leben wir aus seinem Tagebuch und aus 300 Briefbänden erfahren. Kurz vor seinem Tod geht er noch einmal den Kreuzweg. Sein letztes Wort: „HERR, ich komme!". 1610 wird er heiliggesprochen. Wir sollten ihn als Fürbitter gegen Corona anrufen.   *PWP*

Der stille Heilige – Papst Pius X.

Papst Pius X. leitet die katholische Kirche 1903-1914. Er ist der letzte Papst des Kaiserreiches, der Zeit, als noch das GOTTES-Gnadentum gilt und Europa vorwiegend christlich geprägt ist. Die Ständegesellschaft des Mittelalters mit Adel, Bürgertum und Bauernstand sowie der seit dem 19. Jahrhundert entstehenden Arbeiterklasse besteht noch. Die Kirche ist noch Hüterin von Glauben und Moral, muß aber gegen den Modernismus ankämpfen. Der Paradigmen-Wechsel erfolgt erst mit dem Ende des Ersten Weltkrieges 1918. Papst Pius X. steht im Ruf der Heiligkeit, als er noch vor Kriegsausbruch 1914 stirbt.

Das große Thema der Amtszeit Pius X.: Das Ringen gegen Liberalismus in Staat und Kirche, der sich seit der Französischen Revolution (1789) Europas bemächtigt hat. Die Liberalen fordern im 19. Jahrhundert die gesellschaftliche Säkularisierung, die Trennung von Staat und Kirche, freie Marktwirtschaft, Volksherrschaft und Befreiung von der katholischen Glaubens- und Morallehre. Seit 1848 sind sie im deutschen Parlament, seit 1871 tragende Säulen der parlamentarischen Monarchie unter Kanzler Bismarck und Kaiser Wilhelm I.

Scharf trat bereits Pius IX. den Liberalen und ihrem Programm mit dem *Syllabus Errorum* von 1864 entgegen. Zusätzlich bekräftigte Pius IX. – als einer der Vorgänger-Päpste Pius X. – auf dem Ersten Vatikanischen Konzil von 1870 die päpstliche Unfehlbarkeit in Fragen von Religion und Moral, wenn der Papst ex cathedra spricht. Diese Festigkeit war notwendig geworden, da

die Gesellschaft in Europa in Windeseile auf eine Ent-
koppelung von der katholischen Kirche zusteuerte. Der
Mensch mit der Entfaltung seiner Talente steht jetzt an
erster Stelle, nicht der Glaube an GOTT und der GOT-
TES-Dienst. Der Mensch klagt Menschenrechte ein
und will nicht mehr um eine reine Seele vor GOTT ringen. CHRISTUS und den Nächsten zu lieben, erscheint
altmodisch. Technischer Fortschritt mit dem Aufkom-
men des Telefons im Deutschen Reich und der Erfindung des PKW lassen den kirchlichen Ruf nach Reue,
Buße und Umkehr immer mehr im Getümmel des
säkularen Fortschritts untergehen. Gebet, Frömmigkeit,
Innerlichkeit, Bescheidenheit, Keuschheit, GOTTES-
Verehrung gelten als veraltet und überflüssig.

Papst Pius X. weiß um diese Problematik, als er 1903
zum Papst gewählt wird. Sein Ziel: „Instaurare omnia in
Christo" – alles in Christus erneuern, alles in CHRI-
STUS wiederherstellen. Zurück zu den Herzen JESU
und Mariens, zurück zur missa tridentina mit Gregoria-
nischem Choral, zurück zur Ehrfurcht vor GOTT, dem
HERRN über Leben und Tod. Zurück zum ehrfürchtig
gefeierten hl. Meßopfer, dem Blutopfer JESU am Kreuz,
durch welches ER die Sünden der Menschen sühnt und
den Weg in den Himmel öffnet. Einen Anti-Modernis-
mus-Eid müssen alle angehenden Priester seit 1910 auf
diese alte Ordnung leisten, sonst dürfen sie nicht geweiht
werden – so Pius X.. Er ist der konservative Reformpapst
zu Beginn des aus den Rudern laufenden 20. Jahrhunderts. Daher wählt ihn die von Lefebrve gegründete
Priesterbruderschaft in Econe 1970 zu ihrem Patron.

Gleich zu Beginn seines Pontifikats belebt Papst Pius X.
die Kirchenmusik. „Wer singt, betet doppelt!" Die Gläu-

bigen sollen mit ganzem Herzen dabeisein, ihre Seele in jedem hl. Meßopfer liebend zu GOTT erheben. Daher erlaubt der Papst den täglichen Kommunion-Empfang und setzt das Erst-Kommunion-Alter auf 7 Jahre herunter. Für die Kleriker erneuert er das Brevier, läßt es neu auflegen, um die Herzen der Priester näher zu GOTT zu führen.

Mit 15 Jahren tritt Giuseppe Melchiore Sarto, der spätere Pius X., in das Priesterseminar von Padua ein. Er stammt aus einer armen schlesischen Familie, die sich Jahrzehnte zuvor in Italien niedergelassen hat. 1858 wird er zum Priester geweiht – in dem Jahr, in welchem die Mutter-GOTTES in Lourdes erscheint und zu Buße und Gebet aufruft. Guiseppe wird Kaplan in Tombolo, dann Pfarrer in Salzano. Er ist außergewöhnlich fromm, demütig und leidensfähig, gleichzeitig aber intelligent und belastbar. So arbeitet er neben seiner Tätigkeit als Pfarrseelsorger einen Katechismus mit über 570 Fragen und Antworten aus. Sein Bischof beruft ihn 1875 nach Treviso, um ihn als Kanzler der bischöflichen Kurie bei sich zu haben. Wieder besticht der Geistliche durch Diskretion, Güte, Milde, Frömmigkeit und ein tiefes Gebetsleben. Wieder bewährt er sich in der priesterlichen Arbeit: Kurien-Kanzler, geistlicher Direktor des Seminars, Gymnasial-Professor und Geistlicher Berater der Diözese. 1884 wird er zum Bischof von Mantua ernannt und 1893 durch Papst Leo XIII. zum Kardinal und Patriarchen von Venedig.

Leo XIII. schätzt den frommen Land-Pfarrer Guiseppe sehr. Beide halten an der tradierten katholischen Lehre fest. Leo XIII. schreibt die Sozial-Enzyklika, um der Arbeiterklasse zu helfen, und formuliert die Leoninischen Gebete, die jeder Priester bis heute nach jeder stillen Messe im alten Ritus betet: Die Anrufung des hl. Erzengels Michael und der Mutter-GOTTES zum Schutz der Christenheit. Als das Konklave 1903 Leos Nachfolger im 7. Wahlgang wählt, kommt mit Guiseppe Sarto ein einfacher Mann auf den Papst-Thron, ohne diplomatische Erfahrung und ohne lange Jahre in der Kurie – wie damals bei neugewählten Päpsten üblich. Nein, Pius X. ist schlicht und geradlinig, fromm, bescheiden und einfach. Ohne Machtstreben. Ohne Sorge um Seine eigene Person und Karriere. Ohne Kenntnisse über die Intrigen der hohen Welt- und Kirchenpolitik – aber dennoch herzlich, großzügig und voller Bewußtsein um die Größe seines Amtes. Im vollen Wissen um die Problematik der Säkularisierung und Liberalisierung der Gesellschaft fördert der neue Papst die eucharistische Anbetung und den häufigen Kommunion-Empfang, um die irrende Menschheit eng an CHRISTUS zu binden. Wie er selbst den Heiland liebt, so soll es die ganze Kirche tun. Daher gründet er die Katholische Aktion, welche die modernen Menschen wieder zum Glauben an JESUS CHRISTUS führen soll. Die Herz-JESU-Thron-Erhebung in allen Familien ist dem Papst ein großes Anliegen. Denn nur wenn der HERR das Zentrum der Familien ist, wird sich wieder ein katholisches Europa herausbilden.

Seine Frömmigkeit wird auch Leitfaden seiner Außenpolitik. Er kann die Trennung von Staat und Kirche in Frankreich nicht dulden und fordert die französische Regierung auf, die Kirche zu fördern und die katholische Moral wieder zum Pfeiler von Politik und Gesellschaft zu machen. Doch Frankreich geht nicht darauf ein. War doch eine der sogenannten Errungenschaften der Französischen Revolution genau das gewesen, die Trennung von Staat und Kirche.

Auch die modernen Theologen verweigern sich dem frommen Papst: Immer tiefer dringen liberale Ansätze auch in Seminare und den Klerus ein. „Modernisten" werden sie genannt, denn sie ordnen die Kirche und kirchliche Lehre den neuen wissenschaftlichen Erkenntnissen unter. Charles Darwin mit seiner Evolutionslehre ist populär. Daß GOTT dem Menschen eine unsterbliche Seele eingehaucht hat, wie es im AT steht, schieben die Modernisten beiseite und sprechen von einer Entwicklungskette allen Seins. Pius X. versetzt mit der Enzyklika *Pascendi* (1907) und den Instruktionen des Hl. Offiziums *Lamentabili sane exitu* (1907) dem Modernismus bereits den Todesstoß. Fast alle Theologien akzeptieren die Linie des Papstes. Doch schwelt im Untergrund der Drang nach Neuem. Dieser wird sich auf dem Zweiten Vatikanischen Konzil (1962-1965) Luft machen und sich in den modernistischen Konzils-Texten *Dei verbum* und *Lumen gentium* – welche allerdings kein Dogma sind! – niederschlagen.

1914 steht Pius X. dem Österreichischen Kaiser Joseph II. nahe und fordert nach dem Attentat auf den österreichischen Thronfolger durch einen Serben ein scharfes Vorgehen gegen Serbien. Doch da stirbt der Papst am 20. August 1914 an einem Herzinfarkt. Vorher hat er noch gewünscht, daß sein Leichnam nicht einbalsamiert wird. Die Grab-Inschrift beschreibt seinen Charakter: „Sanft und demütig". 1951 wird er seliggesprochen und 1954 von Papst Pius XII. heilig.

Schon zu Lebzeiten sind Wunder durch den gütigen, frommen Papst geschehen. So z. B. die Heilung des belgischen Konsuls Karl Lubois, dessen Leib mit Furunkeln bedeckt war. Auch nach seinem Tod geschehen Heilungs-Wunder, nachdem Menschen die Fürsprache des Papstes angerufen haben.   *SR.A.*

Der Maler der Sixtinischen Kapelle – Michelangelo

Michelangelo Buonarroti (1475-1564) ist Maler, Architekt und Bildhauer aus Leidenschaft. Italien ist seine Heimat. Den Papst kennt er persönlich und wird von ihm mit der Gestaltung der Sixtinischen Kapelle im Vatikan beauftragt. 1991 produzieren Italien und die USA gemeinsam einen Historien-Film über diesen großen Florentiner Maler der Hochrenaissance: „Genie und Leidenschaft", welcher bis heute die Menschen begeistert.

Wie der Dichter Dante wächst Michelangelo aus Florenz. Adliges Blut hat der Guelfe in seinen Adern, denn sein Vater ist Stadtvogt. Als er sechs Jahre alt ist, stirbt seine Mutter, doch der Vater heiratet bald darauf wieder. 1482 wird Michelangelo eingeschult und verspürt schon früh den Wunsch, Maler zu werden. Gegen den Widerstand seines Vaters hält er an seiner Berufung fest. Es kommt zu einem heftigen Streit mit seinem Vater, in welchem sich der Sohn durchsetzt. Mit 13 Jahren darf er eine Ausbildung als Maler und Baumeister in der Werkstatt von Domenico Ghirlandaio beginnen. Michelangelo lernt, Fresken zu gestalten und studiert in den Kirchen von Florenz die Sakral-Kunst. Er lernt malen und die Bildhauerei. 1489 tritt er in die Kunstschule des Lorenzo de' Medici in Florenz ein und gestaltet seine erste Statue, den „Faunskopf". Neu in der damaligen Zeit ist Michelangelos Bestreben, die Realität detailgetreu nachzubilden, d. h. nicht im Sinne das Mittelalters, von abstrakt-religiösen ewigen Wahrheiten ausgehend, nur das Vollkommene abzubilden. Nein, Michelangelo ist als Kind der Renaissance ein Realistiker und Humanist, der auch die Schwächen der Menschen nicht vergißt: So findet auch die Zahnlücke ihren Platz im „Faunskopf".

Das erste Marmor-Relief Michelangelos entsteht: „Die Kentaurenschlacht". Lorenzo de' Medici behandelt seinen Schüler wohlwollend und gütig wie ein Vater seinen Sohn. Der Mäzen führt Michelangelo ein in die großen Werke der Kunst und Philosophie. Immer noch hat aber der Jugendliche sein unbeugsames Temperament, welches schnell zum Zorn neigt. Schnell gerät er in Streit, wenn es unter den Schülern zu Meinungsverschiedenheiten kommt. So entstehen Handgreiflichkeiten zwischen Michelangelo und seinem Mitschüler Torrigiano. In der Rauferei wird das Gesicht Michelangelos derart zerschunden, daß er sein ganzes Leben darunter leidet.

Mit 17 Jahren zieht Michelangelo dann nach Bologna, wo er im Auftrag der Familie Aldrovandi zwei Heiligen-Figuren und einen Engel für das Grab des Dominikus in der örtlichen Basilika anfertigt. 1494, unter der Regentschaft Savonarolas, erhält Michelangelo weiterhin Aufträge von den Medicis: Die Statue des Hl. Johannes entsteht. Auch einen schlafenden Cupido stellt er her, ganz im Zeitgeist der Liebe zur Antike. Zum Spaß – nicht aus Pofitgier oder Bosheit – schließt er sich einem

Kunst-Betrug seines Mäzens an: Er gestaltet den Cupido in der Art und Weise, daß dieser als alte, wertvolle Statue erscheint, gerettet aus vor-christlicher Zeit. Doch der Schwindel fliegt auf, denn der Käufer und Kenner aus Rom – ein Kardinal – entdeckt den Schwindel, nachdem er die Büste bezahlt hat. Der Händler muß die Summe zurückerstatten und die volle Verantwortung übernehmen, so daß Michelangelo keinerlei Schaden entsteht.

Der Kardinal lädt den jungen Künstler sogar nach Rom ein, wo er ihn mit der Gestaltung eines Bacchus beauftragt. 1496 betritt Michelangelo das erste Mal römischen Boden. Einmal in Rom, wird der junge Bildhauer schnell begehrt. Der Kardinal und Titularpriester Jean Bilheres de Lagraulas von Santa Sabina beauftragt den Bildhauer mit der Gestaltung einer Pietà für den Peters-Dom. Bis heute steht die Pietà – die Schmerzensmutter mit dem Leichnam JESU auf dem Schoß – in St. Peter und ist Ziel der Gläubigen, die hier eine Kerze anzünden und ihr eigenes Leid mit dem Mariens vereinigen, um es dem VATER im Himmel zum Opfer zu bringen. Die Pietà ist das einzige Werk, welches Michelangelo signiert hat. So sehr liegt sie ihm am Herzen. Über der Brust der Madonna liegt diagonal ein Band, auf dem die Worte eingemeißelt stehen: MICHAEL ANGELUS. BONA-ROTUS. FLORENT. FACIEBA[T].

Insgesamt 5 Jahre ist Michelangelo in Rom, von 1496-1501. In Florenz verpaßt er nichts: Französische Truppen halten die Stadt besetzt, das Regime Savonarolas kippt, der Wiederaufbau von Florenz dauert lange. Doch Michelangelos Vater drängt auf die Rückkehr des Sohnes aus Rom. Er braucht den Sohn als finanzielle

Stütze. So arbeitet Michelangelo sowohl an einem Auftrag aus Siena – 15 Skulpturen für eine Grabstätte – und an seinem Meisterwerk, der Statue des David, in Florenz. Aus einem riesigen Marmorblock hämmert Michelangelo den David. Ein anderer Bildhauer aus Florenz hatte sich 40 Jahre zuvor an dem Marmorblock die Zähne ausgebissen, doch Michelangelo gelingt das Werk. Eine menschliche Gestalt entsteht, alle Körperteile abbildend, in gelassener Ruhe dastehend, vor seinem Kampf gegen Goliath. Ein Meisterwerk. Die besten Künstler von Florenz suchen einen Ehrenplatz für die Statue: die Terrasse des Palastes gegenüber der Loggia die Lanzi.

Schon steht der nächste Auftrag vor der Tür: Der Stadtrat von Florenz möchte, daß Michelangelo eine der Wände des Saales des Stadtrates mit einem Gemälde schmückt. Michelangelo wählt die Schlacht von Cascina. Bis ins 20. Jahrhundert sind solche Schlacht-Szenen üblich, denn sie verherrlichen die Siege und die Größe der Herrscher.

Das Werk ist 1505 noch nicht vollendet, als sich auch schon Papst Julius II. aus Rom meldet und anfragt, ob Michelangelo nicht ein Grabmonument für den Papst bauen wolle, welches ihm würdig sei. Der Künstler nimmt an und verbringt ein Jahr lang im Steinbruch von Carrara, um den Marmor für seinen neuen Auftrag selbst herauszuschlagen. Der Papst bestaunt zunächst interessiert und gütig die Bauarbeiten in Rom, doch dann schlägt seine Stimmung plötzlich um.

Der Papst möchte nun lieber den Peters-Dom künstlerisch neugestaltet bekommen und beauftragt einen anderen Künstler mit dieser Angelegenheit – Donato Bramante, einen Konkurrenten Michelangelos. Für Michelangelo bleibt lediglich die Ausgestaltung der Sixtinischen Kapelle mit Fresken. Und das, obwohl Michelangelo gerade tief in der Arbeit mit dem Mausoleum steckt. Dann hört er auch noch Papst Julius II. sagen, er wolle kein Geld mehr für Steine ausgeben, sondern eher für Kriege und Eroberungen. Tatsächlich bleibt der Papst einige Gehälter schuldig und läßt den Künstler abblitzen. Das ist zuviel für Michelangelo. Zorn und Unmut überfällt ihn. Er reist ab. Zurück nach Florenz. Es ist das Jahr 1506.

Systematisch überhört er jetzt jeden Rückruf aus Rom. Lieber setzt Michelangelo sein Schlachtengemälde im Ratssaal von Florenz fort. Da hört er vom Sieg und Einzug Papst Julius II. in Bologna. Beide Charaktere sind ähnlich: Stolz, aufbrausend, emotional. Dann aber, wenn sich die erste Wut gelegt hat, große Versöhnungsbereitschaft. Der Papst also ruft Michelangelo wieder zu sich, damit dieser ihm eine bronzene Büste des Papstes herstelle für das Portal der Basilika San Petronio in Bologna. Michelangelo gibt nach und reist zum Papst, um das Werk auszuführen. Am 21. Februar 1508 kann die Riesen-Büste des Papstes vor dem Kirchenportal eingeweiht werden. Drei Jahre lang thront der Papst so, dann wird seine Herrschaft über Bologna gestürzt und mit ihm die Büste.

Die Aussöhnung zwischen Papst und Künstler allerdings hält stand. Michelangelo folgt Julius II. nach Rom, um die Sixtinische Kapelle zu vollenden. Allerdings war der Künstler davon ausgegangen, das Grabmal für den Papst vollenden zu sollen, nicht das Gemälde in der Kapelle – war er doch von Hause aus Bildhauer und nicht Maler.

Wieder tobt das Blut in den Adern des Künstlers. Er fühlt sich überfordert. Fresken in einer solchen Höhe und in einem solch großen Raum – wie soll er das schaffen? Mit Widerwillen und Zweifeln schleppt er sich täglich zur Arbeit.

Und doch wird dieses eroperte Werk den bleibenden Ruhm des Michelangelo herbeibringen. GOTT liebt das Opfer. Auch ist die Sixtinische Kapelle das einzige seiner Werke, in welchem er seine eigenen Vorstellungen vollständig durchsetzen kann. Bei allen anderen Werken war sein Eigenwille ausgebremst worden durch die Wünsche der Auftraggeber. Jetzt aber, bei dem Riesengemälde, an das er sich kaum heranwagt, kann er gestalten: Der Papst schlägt lediglich 12 Apostel-Gestalten für das Deckenfresko vor, Michelangelo aber will 100 Figuren. Er setzt sich durch. Voller Energie ist er in seiner Schaffenskraft kaum zu bremsen. So sprudelt auch das nun entstehende Deckenfresko voller Lebenskraft. Die Schöpfungs-Geschichte ist abgebildet. Barocke Figuren, Engel, Menschen, Heilige, die heilige Dreieinigkeit – stundenlang kann der Betrachter die biblischen Szenen staunend studieren und kommt doch an kein Ende. Eine würdevolle Umgebung schafft der Künstler für den Raum, in welchem in den späteren Jahrhunderten die Päpste gewählt werden.

Julius II. gewährt Michelangelo die volle Freiheit der Gestaltung. Michelangelo arbeitet in seiner Schaffenswut meist allein. Zeitweise helfen dem Giganten Maler-Angestellte aus der Umgebung, doch können sie seinen künstlerischen Ansprüchen nicht gerecht werden, und er entläßt sie bald wieder. Auf den hohen Gerüsten muß er, auf dem Rücken liegend, die himmlischen Szenen auf die Decke zeichnen und die Fresken anbringen. Viereinhalb Jahre mühselige Arbeit. Der Papst zahlt nicht regelmäßig und oft nur verzögert. Intrigen spinnen sich bei Neidern, um das Werk Michelangelos zu stoppen. Eifersucht auf den Zeitgenossen und das Malergenie Raphael plagen Michelangelo. Sein aufbrausendes Temperament kann er nur schwer beherrschen. So kommt auch eine Freundschaft mit Raphael nie zustande.

Der Gigant Michelangelo muß sich ausdrücken. Kaum ist die Sixtinische Kapelle 1513 vollendet, stürzt er sich wieder auf das Mausoleum für den Papst. Als dieser noch im selben Jahr stirbt, wird ein Medici Papst in Rom. Michelangelo kann sich vor Aufträgen nicht wehren und gestaltet endlos an verschiedenen Orten Italiens: So den „Auferstandenen CHRISTUS" (1518-1522), die Medici-Gräber in Florenz (1522-1534), die Biblioteca Laurenziana für Papst Clemens VII. in Rom (1524-1526).

1527 dann die Katastrophe – die Belagerung Roms, der Sacco di Roma – mit der Vertreibung Papst Clemens' VII. Die Florentiner nehmen die Gelegenheit wahr, die Medici aus der Stadt Florenz zu vertreiben und wieder eine Republik zu errichten. Jetzt versöhnen sich Papst Clemens VII. und Kaiser Karl V., um die Herrschaft der Medici in Florenz wiederherzustellen. Neben seiner künstlerischen Arbeit ziehen sie auch Michelangelo heran, die Festungsanlagen von Florenz für die Medici-Herrschaft sicher zu gestalten. 1529 baut er mit an den Befestigungs-Anlagen, wird aber wieder von einem Anfall von Schwermut überwältigt und macht sich auf den Weg nach Venedig. Die Rückeroberung seiner Heimatstadt 1530 durch die Medici und Karl V. erlebt er nicht mit. Stattdessen erkrankt Michelangelo 1531 schwer, arbeitet aber dennoch weiter und reist sogar 1532 wieder nach Rom, um das Julius-Monument fertigzustellen.

Der Papst beauftragt den Rückkehrer auch mit der Vollendung der Sixtinischen Kapelle: Jetzt soll über dem Altar das Jüngste Gericht dargestellt werden. Quasi als überzeitliches Pendant zu der Schöpfungsgeschichte auf der Decke der Kapelle. Michelangelo ist jetzt 60 Jahre alt und läßt sich in Rom nieder. 1534 stirbt Papst Clemens VII., so daß der Künstler das Jüngste Gericht unter Paul III. aus dem Haus Farnese malt. Der Papst duldet keinerlei Nebentätigkeit, sondern verlangt die volle Leistungskraft Michelangelos. Das Fresko des Jüngsten Gerichts zählt bis heute zu den wertvollsten Einzelgemälden der Welt. Der ganze christliche Glaube an die Wiederkunft JESU CHRISTI und sein Wesen als endzeitlicher Weltenrichter sind hier dargestellt. Voller Energie und in aller Kraft der angekündigten göttlichen Wahrheit. Unerbittlich wird die göttliche Gerechtigkeit die Guten von den Bösen scheiden und die Guten ewiglich belohnen, während die Bösen in die Hölle verdammt werden.

Paul III. ist so begeistert, daß er dem Bildhauer Michelangelo nach der Fertigstellung des Weltgerichts auch die Gestaltung seiner Privatkapelle mit Fresken anempfiehlt und ihm ab 1547 die Bauleitung für den neuen Peters-Dom überträgt. Michelangelo versteht sich in erster Linie als Bildhauer: Schon im rohen Marmorstein sieht er im geistigen Auge die spätere Form voraus. Wie Ludwig van Beethoven in seiner Musik: Bevor er noch die Noten zu Papier gebracht hat, hört er im Inneren die vollständige Melodie seiner künftigen Symphonie. Michelangelo möchte dem Stein eine Seele geben. Und dies ist ihm gelungen. Der christliche Glaube sprüht voller Energie aus der Sixtinischen Kapelle und in seinen vielen anderen Werken heraus. Doch ist sein Genie so groß, daß er nur einen Bruchteil der von ihm geplanten Werke in die Tat umsetzen kann und viele von ihm begonnene Projekte nicht vollendet. Gebunden an

Ort und Zeit und die menschliche Begrenztheit, muß er sich den menschlichen Grenzen unterordnen. Denn nur einer ist der Schöpfer und Vollender allen Seins – GOTT, der allmächtige VATER im Himmel.   SR.A.

Der „Sonnenkönig" Ludwig XIV.

Das erste überlebende Thronfolger-Baby nach 23 Ehe-Jahren! Seine Mutter, Anna von Österreich, gibt vor lauter Glück dem zukünftigen französischen König Ludwig XIV. (1638-1715) den zusätzlichen Namen „Der Gottgegebene". Seit 20 Jahren tobt der 30jährige Krieg, an dem Frankreich beteiligt ist. Der kleine Louis, Ludwig, wird, 4 Jahre alt, König unter der Vormundschaft seiner Mutter. Diese leitet Frankreich als überzeugte „Französin". Leitender Minister ist der italienische Kardinal Mazarin.

Die ersten 5 Lebensjahre wird der Thronfolger, wie damals üblich, als Mädchen gekleidet und von zwei Gouvernanten betreut. Als er 8 Jahre alt ist, übernimmt ein Offizier das Kommando, später ein Priester und ein Philosoph. Ludwig ist 10 Jahre alt, als es in Paris zum Aufstand kommt. Danach sind willkürliche Verhaftungen verboten. Louis lernt Latein und Italienisch, Religion, Geschichte, Mathematik und Militärkunde, Reiten und Fechten, Zeichnen, Architektur, Tanz und Musik. Mazarin bringt ihm die Macht der Symbolik bei und die Kunst der Staatsführung. Seine Mutter vermittelt das Bewußtsein, von GOTT auserwählt zu sein, König von GOTTES Gnaden.

16 Jahre alt (1654), wird Louis XIV. in der Kathedrale von Reims gesalbt und gekrönt. Nachdem 1659 der Pyrenäen-

Frieden mit Spanien geschlossen ist, heiratet Ludwig (22) 1660 Maria Teresa, die älteste Tochter des spanischen Königs. 1661 bildet Ludwig den Staatsrat um. Seine Mutter wird für Staats-Entscheidungen entmachtet, und der Finanzminister wird entlassen, denn die Hälfte aller Einnahmen geht durch Korruption verloren. Bei Geldbedarf werden neue Ämter zum Kauf angeboten, deren Inhaber sich dann finanziell schadlos halten. Im selben Jahr beginnt der jugendliche König, 17km von Paris entfernt, den klassizistischen Barockbau von Schloß Versailles und fördert Kunst und Wissenschaft. Als sein Finanz-Minister schon zuvor zur mehrtägigen Einweihung seines eigenen Schlosses einlädt, fällt er in Ungnade und wird bis zum Lebensende eingekerkert. Ludwig wird nachgesagt: „Der Staat bin ich!".

Die Bürokratie wird zentralisiert, Flotte und Armee werden ausgebaut, Dünkirchen den Engländern abgekauft. Luxuriöse Hoffeste demonstrieren Macht und Ansehen. Europas Fürsten ahmen das nach. Frankreich hat mit 20 Millionen Einwohnern die stärkste Bevölkerung Europas. Der katholische Glaube steht bei Ludwig XIV. auch aus praktischen Erwägungen im Mittelpunkt: „Ein König, ein Glaube, ein Gesetz." Er selbst ernennt die 330 Bischöfe, ist letztlich Herr über die 1.100 Abteien und 500 Priorate. 60.000 Priester zählt das Land, eine Art königlicher Nationalkirche. Alles hängt von der absolutistischen Zustimmung des Königs ab, auch die Einreise päpstlicher Gesandter oder die Ausreise von Bischöfen.

1667 pocht Frankreich nicht nur auf das Erbrecht der Königin auf Spanien, sondern läßt auch 70.000 Mann in die Spanischen Niederlande einmarschieren. Zu Aachen wird Frieden geschlossen, weil sich Holland, England und Schweden verbünden. 1670 wird das Herzogtum Lothringen von Frankreich annektiert. Ludwig läßt erneut, diesmal 120.000 Mann, in Holland einmarschieren, doch Deich-Öffnungen retten Holland vor einer totalen Niederlage in diesem 6jährigen Krieg (bis 1678).

Zeitweise hält Ludwig 280.000 Mann unter Waffen und beginnt mit dem Ausbau von 160 Festungen, unter ihnen Saarlouis. Er besetzt die restlichen Teile des Elsaß, nimmt 1681 Straßburg ein sowie die Grafschaft Saarbrücken und das Herzogtum Pfalz-Zweibrücken, 1685 Luxemburg und große Teile Flanderns. Durch die 2. Türken-Belagerung Wiens ist Kaiser Leopold I. gebunden. Ein 20jähriger Waffenstillstand kommt zustande. 1680 verleiht Paris seinem König den Titel „Der Große". Dieser gründet weltweit 8 französische Kolonien. 1685 widerruft der Machtmensch die religiösen und bürgerlichen Rechte der Hugenotten. Dieser Begriff entsteht aus der Verballhornung des Wortes „Eidgenossen", da der Calvinismus von der Schweiz nach Frankreich überschwappt. Ludwig weist reformierte Geistliche aus, verbietet aber deren christlichen Gemeinden zu flüchten. Dennoch entkommen binnen 45 Jahren 200.000 Hugenotten in die umliegenden Länder. Denn sogar die Schulen der ursprünglich 730.000 protestantischen Christen werden geschlossen. 20.000 Hugenotten wehren sich durch Aufstände. Konvertiten bietet der König verlockende Steuerrechte und Befreiung vom Militärdienst. Hunderte protestantischer Dörfer werden zerstört. Jahrelange Kämpfe gegen befestigte Plätze, den „Staat im Staat", wie es der König sieht. Doch trotzdem bleibt im 17. und 18. Jahrhundert Französisch die Sprache des guten Geschmacks in Europa. Die Franzosen sind nach den Holländern das wohlhabendste Volk des Kontinents. Louis XIV. gründet 5 neue Akademien und schafft einen von ihm abhängigen Dienst-Adel.

Da erklärt halb Europa Frankreich den Krieg. Dieser Pfäl-
zer Erbfolge-Krieg (1688-1697) endet mit der Rückgabe
von Luxemburg, Lothringen und der Pfalz. Frankreich
behält den Elsaß und Straßburg. Doch 1689 werden
Speyer und Worms verwüstet und das Heidelberger Schloß
zerstört. Von 1702 bis 1712 tobt der Spanische Erbfolge-
krieg. Frankreich hat 680.000 Soldaten. 1713 wird Freiburg besetzt, 1714 der Frieden von Baden zwischen Frankreich und dem Reich geschlossen. In seinen letzten
Erdenjahren bemüht sich der französische König um eine
Finanz-Reform. 1715 stirbt Ludwig. Viele Franzosen
freuen sich, denn sie erhoffen eine leichtere Steuerlast. Sein
Leichnam wird konserviert. Die Eingeweide kommen
nach Notre Dame, sein Herz in die Jesuitenkirche, vor
deren Beichtvätern der absolutistische König gekniet hat.

1793 öffnen die zügellosen Revolutionäre das Königsgrab
und stellen den einbalsamierten Leichnam vor Notre
Dame zur Schau. Später wird er vergraben und kommt
1815 in die Kathedrale von Saint Denis, nördlich von
Paris, in die Gruftkirche der französischen Könige. *PWP*

Sein Vorname ist Rembrandt

Tatsächlich heißt er Rembrandt Harmenszoon van Rijn
(1606-1669). Sein Jahrhundert nennen Historiker das
„Goldene Zeitalter" der Niederlande. Rembrandt allerdings stirbt in Armut.

Der Maler, Radierer und Zeichner bildet selbst Künstler
aus. Seine Hell-Dunkel-Kontraste sind meisterhaft. Seine
Bilder entfalten tieferen Sinn, etwa wenn bei der Heim-

kehr des Verlorenen Sohnes, der vor seinem Vater kniet, dessen auf des Sohnes Rücken gelegte Hände verschieden dargestellt sind: die Hand des Vaters und die der Mutter.

Etwa 350 Bilder malt Rembrandt selbst. Weitere 350 ahmen seinen Stil zum Verwechseln nach. Gleich mehrmals durch andere Künstler kopiert ist „Die Auferweckung des Lazarus" und „Judas bringt die 30 Silberlinge zurück". Etwa 300 Radierungen und 1000 Zeichnungen des Meisters sind erhalten. Letztere dienen vor allem für Studien seiner Schüler oder verraten etwas aus dem Privatleben. Der durch seine Schule streng calvinistisch geprägte Rembrandt erhält Latein- und später Rhetorik-Unterricht – bricht aber dieses Studium ab, um von verschiedenen Künstlern zu lernen. Erst 23 Jahre alt, kann er bereits zwei Bilder an den englischen König verkaufen. 1632 malt der 26jährige Rembrandt 30 Gemälde. Um in die Amsterdamer Lukas-Gilde aufgenommen zu werden – benannt nach Lukas, dem Maler – und um sich endlich selbständig machen zu können, muß der Könner zuerst bei einem anderen Meister tätig werden oder in einer Werkstatt.

28 Jahre alt (1634), heiratet Rembrandt. Rombertus, sein erster Sohn, stirbt früh, und der Vater bewältigt dieses Leid, indem er „Die Opferung Isaaks" malt. Er handelt auch mit Kunstwerken und legt eine Sammlung exotischer Pflanzen an. Mit 33 Jahren malt er das letzte Bild seines Passions-Zyklus. Danach wendet er sich der Landschafts-Malerei zu, stellt aber auch das berühmte Bild „Die Nachtwache" fertig. 1642 stirbt Rembrandts Ehefrau, und er schafft nur noch, wenige Gemälde zu vollenden. Statt dessen widmet er sich seinem Sohn Titus – und zeichnet einen Mann, der ein Kind füttert. Die erste seiner beiden Lebensgefährtinnen bringt er für 5 Jahre in eine Besserungs-

Anstalt. Später rügt ihn der protestantische Kirchenrat wegen „unzüchtigen Zusammenlebens". Trotz vieler Verkäufe, Meister-Honorare und geliehener Gelder geht Rembrandt bankrott. Zuletzt zieht er zu mennonitischen und jüdischen Freunden. 63 Jahre alt, stirbt Rembrandt und wird in der Westerkirk beigesetzt. Die Verantwortlichen sind sich seines Ruhmes bewußt. Sein Bild „Simeon im Tempel", die Darstellung des greisen Propheten, der JESUS auf dem Arm tragen darf, bleibt unvollendet. *PWP*

Die Seherin von Fatima – Schwester Maria Lucia

Portugal 1917. Das Mädchen Lucia ist 10 Jahre alt. Als sie zusammen mit ihrem Cousin Francesco und ihrer Cousine Jacinta im Tal Cova da Iria bei Fatima Schafe hütet, sehen die Kinder plötzlich eine schöne Dame. Es ist der 13. Mai: „Wollt ihr euch darbieten, um alle Leiden zu ertragen, die ER euch schicken wird, zur Sühne für die Sünden, durch die ER beleidigt wird und als Bitte um die Bekehrung der Sünder?" Die Kinder sind erschüttert von den ernsten Worten und von dem übernatürlichen Glanz der himmlischen Erscheinung. „Ja, wir wollen es!", antworten die Kinder. Ob sie wissen, was sie da versprechen? Sühnen, d. h. leiden für die Sünden anderer Menschen, um die Ehre GOTTES wiederherzustellen. Um GOTT, stellvertretend für die Schlechtigkeit anderer Menschen, wieder die Ehre zu geben, die IHM gebührt. Um die eigene Liebe ins Unermeßliche zu steigern, damit JESUS CHRISTUS und der VATER im HEILIGEN GEIST angebetet und verherrlicht wird.

94

„Dann betet jeden Tag den Rosenkranz!", verlangt die Mutter-GOTTES von den Seher-Kindern. „So wird der Welt der Frieden wiedergeben werden und der Krieg wird enden." Wir befinden uns ja mitten im ersten Weltkrieg (1914-1918). Gerade hat Deutschland den unumschränkten U-Boot-Krieg gegen die USA erklärt, und die kommunistische Revolution unter Lenin in Rußland hat das Jahrhunderte alte Zarentum gestürzt. Bürgerkrieg und kommunistische Welt-Revolution stehen auf Lenins Fahnen.

„Wenn die Bischöfe der ganzen Welt gemeinsam mit dem Papst Rußland dem unbefleckten Herzen Mariens nicht weihen, dann wird ein weiterer Krieg, der noch viel schlimmer als dieser sein wird, ausbrechen", warnt die schöne Dame vom Himmel. „Wenn die Menschen tun werden, was ich euch sage, werden viele Seelen gerettet werden, und es wird Frieden geben; der Krieg wird zu Ende gehen. Wenn sie jedoch nicht aufhören werden, GOTT zu beleidigen, wird ein noch schlimmerer kommen."

Die Kinder nehmen die Aufforderung Mariens ernst. Francesco, der selten den Rosenkranz ernsthaft bis zum Ende gebetet hat, versteckt sich nun in seiner Freizeit auf der Kanzel in der Kirche, um ihn zu beten. Freiwillige Opfer erlegen sich die Kinder jeden Tag auf – kleine Opfer, wie den Verzicht auf eine Lieblings-Speise – doch sie kommen von Herzen.

Die Eltern und der Pfarrer halten die Kinder für verrückt. Kindliche Einbildung. Frömmelei. „Das ist das Werk des Teufels!", müssen die Kinder hören. „Das ist eine Erfindung der Hölle!" Und die Erwachsenen verweigern, ihnen zu glauben, daß die Erscheinung der Mutter-GOTTES echt ist. Die Kinder leiden. Lucia, die pragmatischste der drei Kinder, beginnt zu zweifeln und will nicht mehr zu den vereinbarten Treffen gehen, welche die GOTTES-Mutter an jedem 13. Tag des Monats wünscht. Jacinta und Francesco aber lassen nicht locker und ziehen Lucia mit sich.

Die Himmels-Mutter bestärkt die Kinder: „Ich bin es. Und ich komme vom Himmel! In der Hölle gibt es nicht solchen Glanz und soviel Licht – und keine Güte und Milde. Betet weiterhin jeden Tag den Rosenkranz!"

Ein halbes Jahr lang – am 13. jedes Monats – erscheint Maria den drei Kindern in Fatima und macht sie zum Sprach-Rohr des Himmels: Die Menschen müssen endlich Buße tun! Sie müssen wieder gut sein und regelmäßig beten! Die tägliche Arbeit müssen sie wieder in Liebe tun – in Liebe zu GOTT und zum Segen ihrer Mitmenschen. Opfer bringen, statt Haß und Gewalt verbreiten, um die Ehre GOTTES wiederherzustellen. Die Alternative, so das erste Geheimnis von Fatima an Lucia, ist die Hölle:

„Unsere Liebe Frau zeigte uns ein großes Feuermeer, das in der Tiefe der Erde zu sein schien. Eingetaucht in dieses Feuer sahen wir die Teufel und die Seelen, als seien es durchsichtige schwarze oder braune, glühende Kohlen in menschlicher Gestalt. Sie trieben im Feuer dahin, emporgeworfen von den Flammen, die aus ihnen selber zusammen mit Rauchwolken hervorbrachen. Sie fielen nach allen Richtungen wie Funken bei gewaltigen Bränden, ohne Schwere und Gleichgewicht, unter Schmerzensgeheul und Verzweiflungsschreien, die einen vor Entsetzen erbeben und erstarren ließen. Die Teufel waren gezeichnet durch eine schreckliche und grauenvolle Gestalt von scheußlichen, unbekannten Tieren, aber auch sie waren durchsichtig und schwarz." (Erstes Geheimnis von Fatima,

erst 1927 für die Öffentlichkeit freigegeben und 1941 von Lucia für den Bischof von Leiria aufgeschrieben)

Wenn die Menschen nicht beten, nicht lieben und nicht opfern, wird kein Frieden auf der Erde sein und ein noch größerer Krieg wird ausbrechen, denn die Menschen fordern GOTTES Gerechtigkeit heraus. 25 Jahre später enthüllt Lucia im Gehorsam gegenüber den Kirchenbehörden und im Einklang mit dem Himmel das zweite ihr von der GOTTES-Mutter in Fatima anvertraute Geheimnis über die Zukunft:

„Ihr habt die Hölle gesehen, wohin die Seelen der armen Sünder kommen. Um sie zu retten, will Gott in der Welt die Andacht zu meinem Unbefleckten Herzen begründen. Wenn man tut, was ich euch sage, werden viele Seelen gerettet werden, und es wird Friede sein. Der Krieg wird ein Ende nehmen. Wenn man aber nicht aufhört, Gott zu beleidigen, wird unter dem Pontifikat von Papst Pius XI. ein anderer, schlimmerer beginnen. Wenn ihr eine Nacht von einem unbekannten Licht erhellt seht, dann wißt, daß dies das große Zeichen ist, das Gott euch gibt, daß Er die Welt für ihre Missetaten durch Krieg, Hungersnot, Verfolgungen der Kirche und des Heiligen Vaters bestrafen wird. Um das zu verhüten, werde ich kommen, um die Weihe Rußlands an mein unbeflecktes Herz und die Sühnekommunion an den ersten Samstagen des Monats zu verlangen. Wenn man auf meine Wünsche hört, wird Rußland sich bekehren, und es wird Friede sein. Wenn nicht, wird es seine Irrlehren über die Welt verbreiten, wird Kriege und Kirchenverfolgungen heraufbeschwören. Die Guten werden gemartert werden, der Heilige Vater wird viel zu leiden haben, verschiedene Nationen werden vernichtet werden, am Ende aber wird mein Unbeflecktes Herz triumphieren. Der Heilige Vater wird mir Rußland weihen, das

sich bekehren wird, und der Welt wird eine Zeit des Friedens geschenkt werden." (Zweites Geheimnis von Fatima, erst 1927 für die Öffentlichkeit freigegeben und 1941 von Lucia für den Bischof von Leiria aufgeschrieben)

Bekräftigt wird der himmlische Auftrag am 13. Oktober 1917 durch ein Sonnen-Wunder. Maria bittet die Menschheit, jedes Rosenkranz-Gesätz zu beenden mit der Bitte: „O mein JESUS, verzeih uns unsere Sünden, bewahre uns vor dem Feuer der Hölle, führe alle Seelen in den Himmel, besonders, die, welche Deiner Barmherzigkeit am meisten bedürfen."

Lucia möchte eine Heilige werden. Dafür bestürmt sie JESUS: „Bewahre mein Herz ganz für DICH allein!" Francesco will von Maria wissen, ob er dereinst in den Himmel kommen wird. Sie bejaht es, sagt aber ihm und Jacinta schwere Leiden voraus. Jedem der drei Kinder verspricht, versichert sie: „Niemals werde ich Dich verlassen!"

Den staatlichen Behörden halten die drei Kinder stand: Auch wenn ihnen angedroht wird, sie in einen Kessel mit heißem Öl zu werfen. Francisco stirbt schon 1919 im Kindesalter und zwar an der Spanischen Grippe. Jacinta ist ebenfalls noch ein Kind, als sie heimgerufen wird. Lucia dagegen wird sehr alt werden und erst 2005 im Karmel-Kloster von Coimbra in der Gegenwart des Bischofs versterben.

Lucia will Ordensfrau werden, um ganz CHRISTUS anzugehören. Unter dem Schutz des Bischofs von Leiria besucht sie die Schule der Dorotheerinnen in Vilar, darf aber nie von den Visionen in Fatima sprechen. Ein schweres Opfer. Lucia fügt sich. Obwohl sie begabt ist und auf das Gymnasium wechseln möchte, darf sie es nicht. Lucia fügt sich wieder, getröstet von JESUS: „Sei nicht traurig. ICH werde dir MEINE Weisheit schenken." 1925 bittet sie um Aufnahme in den Karmel, doch der Bischof gestattet ihr nur den Eintritt in den Dorotheerinnen-Orden. Lucia gibt nach und fügt sich, auch wenn sie ein rein kontemplatives Leben im Karmel bevorzugt. Doch die Mutter-GOTTES spricht auch jetzt noch zu Lucia: Sie bittet um Sühne und die Weihe Rußlands an ihr unbeflecktes Herz. Erst nach Ende des Zweiten Weltkriegs erhält Lucia die Erlaubnis zum Eintritt in den Karmel von Coimbra. Am 13. Mai 1948 wird sie eingekleidet. Ihr Ordens-Name: Schwester Maria Lucia de JESUS vom Unbefleckten Herzen. Sr. Lucia lächelt immer, denn sie hat gelernt, sich ganz GOTT und Seinen Fügungen zu überlassen. Friedlich stirbt sie im Februar 2005 in Gegenwart des Bischofs von Coimbra.

Sr. M. Lucias Leben ist ein ständiger Aufruf zum Gebet. „Man betet nicht mehr!", beklagt sie als Karmelitin in einem Brief an Pater José vom 13. April 1971. „Ohne MICH könnt ihr nichts tun!", mahnt JESUS im Evangelium. Sr. Lucia empfiehlt Pater José: „Gehen Sie hin vor den Tabernakel, und beten Sie. Dort werden Sie das Licht, die Kraft und die Gnade finden, die Sie benötigen als Hilfe, und die Sie in der Folge anderen zuleiten können. Folgen Sie diesem Weg, und Sie werden erfahren, daß Sie vor dem Tabernakel mehr Wissen, mehr Licht, mehr Kraft, mehr Gnade und Tugend finden als durch lange, zeitraubende Studien." Die Liebe zum Kreuz ist Voraussetzung für unsere Erlösung. JESUS hat es vorgelebt.

Doch es gibt noch ein drittes Geheimnis von Fatima. Die GOTTES-Mutter bat um strengste Geheimhaltung. Erst am 3. Januar 1944 schreibt Lucia es auf und übergibt es dem Bischof von Leiria in einem versiegelten Umschlag. Seit 1957 wird das Dritte Geheimnis von Fatima im Umschlag im Vatikanischen Geheimarchiv aufbewahrt. Lucia hat außen auf den Umschlag geschrieben, daß er nicht vor 1960 geöffnet werden dürfe. Aus politischen Gründen jedoch bleibt der versiegelte Umschlag auch bis zur Jahrtausend-Wende ungeöffnet. Papst Johannes Paul II. hält die Zeit noch nicht für gekommen, da der Kalte Krieg mit Rußland die Welt in Atem hält. Erst am 26. Juni 2000 läßt der Papst das Geheimnis lüften und den Inhalt durch Kardinal Josef Ratzinger und Erzbischof Bertone bekanntmachen:

„Nach den zwei Teilen, die ich schon dargestellt habe, haben wir links von Unserer Lieben Frau etwas oberhalb einen Engel gesehen, der ein Feuerschwert in der linken Hand hielt; es sprühte Funken, und Flammen gingen von ihm aus, als sollten sie die Welt anzünden; doch die Flammen verloschen, als sie mit dem Glanz in Berührung kamen, den Unsere Liebe Frau von ihrer rechten Hand auf ihn ausströmte: Den Engel, der mit der rechten Hand auf die Erde zeigte und mit lauter Stimme rief: 'Buße, Buße, Buße!' – Und wir sahen in einem ungeheuren Licht, das GOTT ist: ,etwas, das aussieht wie Personen in einem Spiegel, wenn sie davor vorübergehen' und einen in Weiß gekleideten Bischof – ,wir hatten die Ahnung, daß es der Heilige Vater war'. Wir sahen verschiedene andere Bischöfe, Priester, Ordensmänner und Ordensfrauen einen steilen Berg hinaufsteigen, auf dessen Gipfel sich ein großes Kreuz befand aus rohen Stämmen wie aus Korkeiche mit Rinde. Bevor er dort ankam, ging der Heilige Vater durch eine große Stadt, die halb zerstört war, und, halb zitternd mit wankendem Schritt, von Schmerz und Sorge gedrückt, betete er für die Seelen der Leichen, denen er auf seinem Weg begegnete. Am Berg angekommen, kniete er zu Füßen des gro-

ßen Kreuzes nieder. Da wurde er von einer Gruppe von Soldaten getötet, die mit Feuerwaffen und Pfeilen auf ihn schossen. Genauso starben nach und nach die Bischöfe, Priester, Ordensleute und verschiedene weltliche Personen, Männer und Frauen unterschiedlicher Klassen und Positionen. Unter den beiden Armen des Kreuzes waren zwei Engel, ein jeder hatte ein Aspergill aus Kristall in der Hand. Darin sammelten sie das Blut der Märtyrer auf und tränkten damit die Seelen, die sich Gott näherten." (Drittes Geheimnis von Fatima, 2005 von Papst Johannes II. der Öffentlichkeit bekanntgegeben.)

Doch am Ende werden die unbefleckten Herzen JESU und Mariens siegen, denn: „Die Pforten der Unterwelt werden Meine Kirche nicht überwältigen!" (Mt 16, 18)   *R.A.*

Kreuzzugs-Prediger
Bernhard von Clairvaux

Reizthema Kreuzzüge. Das Wort ist eine späte Erfindung. Die „bewaffneten Pilgerfahrten" werden von arabischen Geschichtsschreibern „Kriege der Franken" genannt. Es existieren sogar Bündnisse christlicher Fürsten mit Muslimen gegen ähnliche andere Kriegsparteien. Die Christen kämpfen aber vor allem, um die Stätten des Lebens JESU und Heilig-Land-Pilger zu verteidigen.

Der ägyptische Kalif Hakim († 1021) befiehlt, alle Kirchen einzuäschern. Konkurrent Kalif Abu Ali (gleichfalls † 1021) läßt 30.000 Kirchen enteignen und plündern. In Kairo werden sogar Christengräber geschändet und Totengebeine verstreut. Feuer wird in die Grabeskirche in Jerusalem geworfen und der Fels des CHRISTUS-Grabes mit Meißel, Feuer und Wasser weitgehend zerstört. Die Reste der Grablage sind heute mit Marmorplatten zugedeckt. Pilger werden wie JESUS gekreuzigt. Ein Hilferuf des byzantinischen Kaisers nach Flandern schreckt Papst, Fürsten und Christenheit hoch. Zwischen 1096 bis 1291 ziehen 7 Kreuzzüge los. Wer aber gewinnt die Zehntausende, die dafür ihr Leben hingeben?

Der Prediger für den II. Kreuzzug ist vor allen anderen Bernhard von Clairvaux (1090-1153), ein französischer Ritterssohn. Seine Vorfahren werden für Wikinger gehalten, was sein rotblonder Bart verraten könnte. Sie stammen von der dänischen Insel Bornholm in der Ostsee. Als Bernhard sich, 22 Jahre alt, entschließt, Zisterzienser zu werden, bringt der Überzeugungs-Kräftige gleich 30 Verwandte und Freunde mit ins strenge und sterbende Kloster Citeaux, das der Bewegung ihren Namen gibt. Je 6 Stunden Gebet, geistige Arbeit, Meditation/Lesen/Schreiben und Schlafen. Armut und Einfachheit.

Schon nach 2 Jahren (1115) wird Bernhard ausgesandt, das Kloster Clairvaux zu gründen, wo er der erste Abt wird. Für sich wählt er die kleinste Zelle. Zisterzienser legen die bisherige Benediktiner-Regel wörtlich aus, und ihre Klöster entstehen in ganz Europa. Bernhards Konvent wächst auf 200 Mönche und 300 Brüder-Mönche an. Fünfmal weist er einen Bischofssitz zurück. Bernhard ist Kreuzzugs-Prediger in Frankreich, in Flandern, am Rhein und am Main. Er erreicht, daß der deutsche König Konrad II., den er persönlich im Speyerer Dom anspricht, und sein Gegner Welf VI. beide am 2. Kreuzzug (1147-1149) teilnehmen. Für CHRISTUS zu sterben, verkündet Bernhard als hohen

Gewinn. Er selbst stürzt sich in heftigste theologische Auseinandersetzungen. Für die Tempelritter schreibt er die erbetene Ordensregel.

Auch der 2. Kreuzzug, bei dem Frauen mitziehen, freigelassene Strafgefangene und ungezügelte Massen, wird ein Fiasko. Bernhard erreichen viele Vorwürfe, und er leidet lange unter dem Mißerfolg, bis ihm durch Visionen klar wird: Viele der Gefallenen haben sich während des Kreuzzugs bekehrt und sind gerettet – bei jedem Trupp reist ein Priester mit. Der Widerhall Bernhards ist so groß, daß Dante ihn in seiner „Göttlichen Komödie" erwähnt und Goethe ihn, den Mariologen, in der Schlußszene seines „Faust". Selbst Luther schreibt überschwänglich: „Ist jemals ein gottesfürchtiger und frommer Mönch gewesen, so war's St. Bernhard, den ich allein viel höher halte als alle Mönche und Pfaffen auf dem ganzen Erdboden."

Gegen seinen Willen wird Bernhard als Berater zu Konzilien geladen. Er veranlaßt, daß ein verweltlichtes Frauen-Kloster aufgehoben und ein käuflicher Bischof abgesetzt wird. An Papst Eugen III., seinen früheren Schüler, schreibt er: „Uns ist ein Dienst auferlegt, keine Herrschaft übertragen." Im Kampf von 1130, da zwei Päpste gegeneinanderstehen, tritt Bernhard nicht für Anaklet II. ein, den formalrechtlich wahrscheinlich echten, sondern für Innozenz, den würdigeren: Frankreich gewinnt er für ihn, den deutschen Kaiser Lothar III. und Heinrich I. von England. Bernhard ist auch Politiker, der sich mit aller Schärfe in die Auseinandersetzungen der Welt einmischt, wo er die Kirche bedroht sieht. Er gründet 68 Töchter-Klöster. Schon um 1300 existieren 700 Zisterzienser-Abteien und 1.000 Zisterzienserinnen-Klöster in Europa mit Muster-Landwirtschaften. Er ist der einflußreichste Mann seiner Zeit.

Zugleich stellt er fest: „Bildung ohne Liebe bläht auf. Liebe ohne Bildung irrt. Einzig die Liebe kann dem Schöpfer vergelten."

Zur Kirchenversammlung der Reform von Reims, die Bernhard vorbereitet, trommelt er für den Papst 276 Bischöfe zusammen, Könige und königliche Gesandte. Bernhard versöhnt – nach 50jährigem Streit – Pisa und Genua. Die Römer nennen ihn „Vater des Vaterlandes", weil er die Kirche wieder zu einem einzigen Papst zurückführt. Noch in seinem Todesjahr 1153 versöhnt der todkranke Abt auf einer Mosel-Insel die Generäle des lothringischen Adels und der Stadt Metz. In den Konferenz-Pausen betet er.

Bernhard, der große Marien-Verehrer, wird dargestellt, wie Maria ihm beim Schreiben hilft oder wie er CHRISTUS umarmt. Liegt Bernhard ein Hund zu Füßen, will ihn das als Wachhund GOTTES verdeutlichen. Unter 1.500 Handschriften ist wohl der kritische Brief an Papst Eugen III. der bekannteste. Die Herz-JESU-Verehrung wurzelt stark in den Predigten des wortgewaltigen Bernhard. Wenn er sich auch in Architektur und Musik vorwagt, so ist das nicht nur ein frommer Wunsch Bernhards, sondern es geht ihm um Stil-Reinheit. Tatsächlich beeinflußt er die Entstehung von Bauten. Und mit seinen Mitarbeitern stellt er den ursprünglichen gregorianischen Choral in seiner ganzen Schönheit wieder her. 1170, 17 Jahre nach seinem Tod, wird Bernhard heiliggesprochen und später als Kirchenlehrer ausgerufen. *PWP*

104

Der Vater Europas – Karl der Große

26 Jahre alt, wird Karl zum König der Franken gekrönt. Er wird aber das Reich ausdehnen bis ins heutige Deutschland hinein, und er wird vom Papst zum Kaiser gekrönt werden, zum christlichen Nachfolger der römischen Kaiser, und damit zum Begründer des christlichen Abendlandes. Ein großer kräftiger Mann, ein Blondschopf mit heller Stimme und ungewöhnlicher Energie (742-814), ein Organisator und begeisterter Schwimmer, eine Herrscher-Natur. Wehe aber, wenn sein Zorn durchbricht! Treue steht bei ihm über allem.

Das Reich und die Kirche sieht er als absolute Einheit und die Taufe deshalb als Pflicht. Immer will er seine Familie um sich haben und läßt deshalb seine Töchter nicht heiraten. Diese aber haben – nach dem schlechten Vorbild des Vaters – ihre Liebschaften. Vater Karl ist nacheinander viermal verheiratet und hat zahlreiche uneheliche Kinder. Erst im Alter lernt er schreiben. Da nennt man ihn schon „den Großen". Fälschlich halten ihn Einzelne für einen Heiligen – doch das ist nur die Aussage des Gegenpapstes Paschalis III. († 1168), also 350 Jahre später.

771 tritt er die Herrschaft über Germanien und Gallien an. Bereits 772 zieht er in den Krieg gegen die angriffsfreudigen Sachsen, den einzigen germanischen Stamm, der noch heidnisch ist. 774 erobert der Frankenkönig das Reich der Langobarden in Italien und wird auch deren König. 32 Jahre lang greifen immer wieder Sachsen an, die ihr Kurzschwert nach dem Namen ihres Götzen ‚Sachs' nennen. Gegen den Rat seines „Hof-Theologen", den Diakon Alkuin, geht Karl mit einer Gewalt-Mission vor.

Heidnischen Aberglauben läßt er mit dem Tode bestrafen, um so den Bund mit dem Bösen auszurotten. Die Irminsul, das Baum-Heiligtum der Sachsen, zerstört Karl und auch ihre Eresburg. Zahlreiche Wortbrüchige läßt er hinrichten oder umsiedeln. Erst als ihr Anführer Widukind sich 784/785 taufen läßt, nehmen die Sachsen den Christen-GOTT als den Stärkeren an.

787 unterwirft sich Bayern-Herzog Tassilo, wird aber „rückfällig". Die Reichsversammlung verurteilt ihn zum Tode, doch Karl begnadigt ihn zur Klosterhaft. Um die kirchlichen Strukturen zu festigen, gründet der König neue Bistümer in Bremen, Paderborn, Verden, Münster, Minden und Osnabrück. So dehnt er das Frankenreich aus und sichert es auch an den umkämpften Grenzen. Im Hofzeremoniell läßt Karl sich als „Herrscher Europas" feiern und fordert Gleichberechtigung mit der Herrschaft von Byzanz. Diese kann die Schutzverpflichtung gegenüber dem Papst nicht mehr erfüllen, da sie selbst mit dem anstürmenden Islam beschäftigt ist. Als der bedrängte Papst nach Paderborn kommt, gibt Karl ihm sicheres Geleit und reist im Jahr 800 selbst nach Rom, wo er in der Weihnachtsmesse zum Kaiser gekrönt wird. Nach dem Brauch der Zeit huldigt ihm Papst Leo knieend. Karl übernimmt die Leitung des „Heiligen Römischen Reiches Deutscher Nationen" und damit den Schutz von Papst und Kirche.

In seinem Viel-Völker-Staat läßt Kaiser Karl den einzelnen Völkern ihre Stammesrechte und läßt sie aufzeichnen. Die Reichstage sind die Versammlungen der Adeligen und Kirchenfürsten unter Vorsitz des Kaisers zur Verwaltung des Reiches. Die Grafen sind seine Amtsträger. Ihre Sprache ist Latein. In Aachen, dem Lieblings-Ort des Kaisers, läßt der oft Umherziehende die Pfalzkapelle erbauen, die Palast-Kapelle. Die Pfalzen sind königliche Gutshöfe an unterschiedlichen Aufenthalts-Orten. Die Hof-Bibliothek, die größte Deutschlands, wird in Aachen errichtet.

Die Kirchen dürfen den biblischen Zehnten erheben. Doch Karl selbst ernennt die Bischöfe, leitet die Synoden, verbessert die Ausbildung der Pfarrer, gründet Reichsklöster. Der Vasall, der Knecht, legt die gefalteten Hände in die seines Herrn und gelobt Treue. Ein Treu- und Schutz-Ritus, welcher heute noch zur Priester- und Jungfrauenweihe gehört. Wer zu Karls Zeiten unfrei ist, der ist an Kleidung und Haartracht zu erkennen. Sklaven, aus dem Osten „importiert" und gehandelt, sind noch schlechter gestellt. Bettler und auch Bettelmönche werden nicht geduldet.

Bildung gehört zur Erneuerung der Menschen. Die karolingische Minuskel entsteht, die Grundlage unserer heutigen Schrift. Die Hofschule in Aachen ist verbunden mit allen Klosterschulen. Karl selbst gibt den 12 Monaten deutsche Namen und läßt deutsche Lieder sammeln. Zahlreiche Übersetzungen und Schriften entstehen bis hin zum Buch „Heliand", dem Leben JESU in altsächsischer Sprache.

Karl bestraft auch unterlassene Hilfeleistung, etwa wenn ein Boot am Versinken ist und die „Zuschauer" greifen nicht ein. Da es keine Herbergen für Reisende gibt, hat jedermann Anspruch, wegen Übernachtung vorzusprechen. Der Kaiser sieht sich als Beschützer der Armen. Trotz vieler eigener Schwächen fordert er von Geistlichen ein vorbildliches Verhalten. Sie sollen möglichst gemeinsam leben. Chorgebet ist strenge Pflicht. Die Beichte für alle wird eingeschärft. Pfarrer erhalten Muster-Predigten und zwei von Paulus Diakonus aus den Kirchenvätern zusammengestellte Vorlesebücher. Bei den Klöstern läßt Karl Häuser für Lepra-Kranke bauen.

Die römische Meßliturgie wird eingeführt, um die Meßfeiern zu vereinheitlichen. In einem Brief an Papst Leo III. läßt Karl schreiben: „Unsere Aufgabe ist es, mit Hilfe der göttlichen Liebe die heilige Kirche CHRISTI gegen Angriffe der Heiden und gegen Verheerungen durch Ungläubige mit Waffen zu verteidigen und nach innen durch die Erkenntnis des katholischen Glaubens zu stärken." Wie Mose solle der Papst mit im Gebet erhobenen Händen eingreifen. Durch besondere Gunst des Papstes entsteht im Schatten von Sankt Peter der Campo Santo Teutonico, die Begräbnisstätte für fränkische, für deutsche Pilger.

790 bittet Karl der Große Papst Hadrian um ein Meßbuch von Gregor I. († 604). Die Kurie besitzt jedoch keine vollständige Kopie und übersendet ein Sakramentar des Papstes, ein stadtrömisches Meßbuch. Diakon Alkuin verbessert und ergänzt es. Karl ordnet auch an, statt Holzkirchen Gotteshäuser in Stein zu bauen. Vorbild sind die römischen Basiliken. Doch wegen der großen Klöster und Schulen wird zum Langhaus ein Querhaus gebaut. Das Reich Karls des Großen ist fast so groß wie das Römische Reich und zählt etwa 15 Millionen Einwohner. Karl hat die deutschen Stämme während seiner 72 Erdenjahre geeint. *SR.A.*

Kaiserin mit 16 Kindern – Maria Theresia

Die „erste Dame Europas", Erzherzogin von Österreich, Königin von Ungarn, Kroatien und Böhmen, obendrein römisch-deutsche Kaiserin, seit 1736 Ehefrau von Kaiser Stephan I. von Lothringen, führt als Habsburgerin (1717-1780) allein die Monarchie. 14 ihrer Kinder überleben die Babyzeit, 6 sterben zu Lebzeiten der Mutter. Sogar mit ihren Kindern spricht sie meist Französisch. Diese lernen aber auch Latein und Italienisch und natürlich Tanz. Die Ehe ist glücklich, Stephan manchmal untreu.

1740 bis 1763 nötigt Friedrich der Große Maria Theresia die 3 Schlesischen Kriege auf, und sie verliert „die Perle in ihrer Krone", wie sie sagt. Er erobert auch die Grafschaft Glatz. Wiederholt muß die Königin den Verzicht bestätigen. Sie klagt: „Alle meine Mitarbeiter ließen, statt mir Mut zuzusprechen, diesen gänzlich sinken. Ich allein war es, die in allen Drangsalen noch am meisten Mut bewahrte, im kindlichen Vertrauen und oftmaligem Gebet GOTTES Beistand anrief." Theresia hat zugleich einen Erbfolgekrieg gegen Bayern, Spanien, Sachsen, Frankreich, Schweden, Neapel, die Kurpfalz und Kurköln zu führen. Hilfe kommt nur von England und den Niederlanden. Die Ungarn nennen sie „König" und sagen 20.000 Soldaten zu. 1743 wird die Erzherzogin im Prager Veitsdom zur Königin von Böhmen gekrönt. Als Ehefrau des römisch-deutschen Kaisers im „Heiligen Römischen Reich Deutscher Nationen" darf Maria Theresia sich Kaiserin nennen, obwohl sie sich nie als solche krönen läßt. Das wäre – nach dem Vorbild von Kaiserin Kunigunde 1014 – durchaus möglich gewesen.

Maria Theresia lernt auch von Preußen, was Verwaltung, Militär und Bildung angeht. Sie will keine Gelder verschwenden, sondern alles zur Erleichterung der Armen tun. Erstmals erfaßt die Steuerpflicht auch Adel und Geistliche. Bauern werden vor der Willkür von Grundherren geschützt. Ab 1774 gilt Unterrichts-Pflicht für Kinder, 1780 existieren 500 Schulen. Die „einklassige" (für 6- bis 12jährige) auf dem Land, die „dreiklassige" in Städten. Zum Lehrstoff gehören u.a. die „Anleitung zur Rechtschaffenheit" sowie Haushaltungs- und Landwirtschaftskunde. Doch erst 1776 wird die Folter offiziell abgeschafft und ein Höchstgericht eingeführt. 148.000 Soldaten zählt das Heer, das auch manche Siege gegen Friedrich den Großen errungen hat.

1765 kommt eine Bestimmung, die alle von Faulheit fernhalten soll: Im Winter sollen alle Kinder spinnen, ebenso Soldaten und ihre Familien. Leibeigenschaft wird eingeschränkt, Fronarbeit beschränkt. Da die Türkenkriege Teile Ungarns entvölkert haben, läßt Theresia dort Heimatlose ansiedeln, ebenso unzufriedene Bauern, aber auch Protestanten und Kriegsgefangene. Sie errichtet eine Keuschheits-Kommission. Als 1773 der Papst die Jesuiten verbietet, überläßt die Erzherzogin den Vollzug ihrem Sohn. Antisemitismus bricht durch: Juden müssen einen Bart tragen und einen „Gelben Fleck". 20.000 Juden werden aus Böhmen vertrieben – doch bald wird das beendet, weil der wirtschaftliche Schaden zu groß ist.

Das Herrscherpaar ist nicht versessen auf das Kaisertum. Doch der Ministerrat erklärt: Um des Reiches willen ist an der Kaiserkrone festzuhalten. Den Preußenkönig nennt Maria Theresia „elend" und „Monstrum", so sehr schmerzt sie der gewaltsame Raub Schlesiens. Und sie verbündet sich mit Rußland und Frankreich. Ihre Tochter Marie Antoinette heiratet Frankreichs König Ludwig XVI. Beide werden während der Französischen Revolution 1793 durch die Guillotine hingerichtet. Für alle Kinder Maria Theresias bestimmt die Mutter („Du, glückliches Österreich, heirate!") deren Ehepartner aus Gründen der Staatsraison. Vor allem die Töchter wehren sich dagegen. Als ihr Mann Franz Stephan 1765 stirbt, schreibt die Kaiserin: „Ich verlor einen Gatten, einen Freund, den einzigen Gegenstand meiner Liebe." Fortan trägt sie nur noch schwarze Witwentracht. Ihr Sohn wird Mitregent, doch viele der Maßnahmen Josephs lehnt sie als antikirchlich ab.

Die Tage in ihrer Sommerresidenz, im Lieblingsschloß Schönbrunn, neigen sich dem Ende zu. 1780, als Maria Theresia, 63 Jahre alt, stirbt, wird ihr Leichnam einbalsamiert und in geistlichem Gewand in der Hofkapelle aufgebahrt. In einem Silberbecher wird ihr Herz in die Loreto-Kapelle gebracht, der Kessel mit den Eingeweiden zur Herzogsgruft in St. Stephan. Der Körper kommt in die Kapuzinergruft an die Seite ihres Mannes. *PWP*

111

Die Perlen des Professors Guardini

Wer ist Romano Guardini? Geboren 1885 in Verona, Italien, empfängt er 1910 die Priesterweihe in Mainz, Deutschland. 1915 promoviert er in Freiburg, wird Seele der Deutschen Jugendbewegung auf Burg Rothenfels, bis diese 1939 von den Nazis verboten wird. 1922 habilitiert Guardini an der Uni Bonn, wiederum mit einer Studie zum hl. Bonaventura.

Seit 1923 hat er einen Lehrstuhl an der Uni Breslau und an der Friedrich-Wilhelm-Universität in Berlin. Meist ist er in Berlin, befreundet ist er mit dem Kultusminister Preußens, doch dann verbieten die Nationalsozialisten seine öffentliche Lehrtätigkeit wegen Guardinis christlicher Weltanschauung, die unvereinbar ist mit der NS-Ideologie. So läßt sich der Geistliche 1935 pensionieren und arbeitet weiter als Privat-Lehrer. Er ist jetzt 60 Jahre alt. Anstoß bei den Nazis hat insbesondere Guardinis Meisterwerk „Der Herr" erweckt sowie seine Schrift „Der Heiland". Beide Bücher sind auch heute noch Perlen für jeden, der JESUS CHRISTUS näher kennenlernen möchte. Die Kriegsjahre 1943-1945 verbringt Priester Guardini zusammen mit seinem Freund und Priester Josef Weiger in Mooshausen. Dann 1945, nach Kriegs-Ende, die Rückberufung an die Universität: Jetzt ist es die Philosophische Fakultät der Eberhard-Karls-Universität Tübingen. 1948 dann die Ludwig-Maximilians-Universität in München, die ihn anfordert, mit dem Lehrstuhl Christliche Weltanschauung und Religionsphilosophie. Daneben wirkt er als Universitäts-Prediger in den Gottesdiensten der Universitätskirche St. Ludwig. 1964 geht er in den Ruhestand. Seit 2016 läuft des Seligsprechungs-Verfahren für Romano Guardini.

Viele Menschen unserer Zeit, wissen nicht mehr, warum sie leben. „Warum bin ich auf Erden?" – Antworten kreisen zu 70% um irdische Angelegenheiten, nicht aber um das ewige Leben. Die Hoffnung des christlichen Glaubens an ein Leben nach dem Tod bei GOTT kennen sie nicht. Dabei stammt doch die Freude im Diesseits aus dem Glauben an das Geliebtsein durch GOTT, den Schöpfer, der uns das Erdenleben geben hat, damit wir IHN – den Allmächtigen, die Liebe, die Barmherzigkeit, die Güte – suchen und dereinst bei IHM auf ewig sind, in ewiger Freude: „Also sehnt GOTT sich danach, daß die Schöpfung im Menschen zu IHM heimkehre, im Blick, im Wort, in der Bewegung der Liebe, zur Einheit des Himmels – dadurch, daß Sein Wille getan wird. Und der Christ sorgt sich darum, daß dieser Wille auch wirklich getan werde." (Guardini) Das ist der Unterschied zum Nicht-Christen.

Wir Christen beten im VATER UNSER: „Dein Wille geschehe wie im Himmel also auch auf Erden." Wo GOTTES Wille getan wird – konkretisiert in den 10 Geboten und in JESU Bergpredigt – dort herrscht Liebe, Friede, Seligkeit. Dort strömt der HEILIGE GEIST im gegenseitigen Liebes-Austausch zwischen Schöpfer und Geschöpf. Guardini drückt es so aus: „GOTT möge geben, wie Sein Wille dort geschieht, wo die Menschen heimgekehrt sind in die Einheit, durchflutet von GOTTES Licht und Liebe – so solle dieser Wille auch hier unten geschehen, wo alles noch in der furchtbaren Entscheidung schwebt, ob die Schöpfung richtig verstanden wird. Ob ihre göttliche Meisterlichkeit als Ruf und Kraft zur Heimkehr verstanden wird oder aber als Grund, GOTT zu verlassen." Daher ist das VATER UNSER das Grundgebet der Christen, welches ein Nicht-Getaufter nicht mitbeten kann, da er nach einer welt-immanenten Antwort auf seine Bedürfnisse hofft. Seligkeit und Frieden aber finden wir nur in GOTT und Seinem Willen: „Das VATER UNSER Gebet bittet, daß wir nicht sehen und doch lieben".

Der hochgebildete Priester und Professor Romano Guardini ist durchflutet von dieser CHRISTUS-Liebe. Damit ein Mahnzeichen und Leitpfosten für den Klerus unserer Corona-Zeit. Als er Lehrverbot von den Nazis bekommt, gibt er nicht auf und schweigt, sondern er macht weiter – im Verborgenen feiert er das hl. Meßopfer und verkündet konsequent die tradierte Lehre JESU. Keine falsche Flucht vor der Staatsmacht – wie sie bedauerlicherweise die Kirche in Deutschland antritt, wenn sie Gottesdienste beschränkt oder gar die Weihnachts-Christmette nach 22.00 Uhr ausfallen läßt. Nein, Guardini tritt ein für die wahre katholische Lehre und den konsequenten Vollzug des hl. Meßopfers. Nehmen wir uns diesen heiligmäßigen Priester und Theologen zum Vorbild: Halten wir unerschütterlich an der Liebe zu GOTT fest, die sich ausdrückt im täglichen, flammendem Gebet und der innigen Feier des hl. Meßopfers und unendlich vielen Werken der Liebe für GOTT und unseren Nächsten. Nur wenn wir das Christentum LEBEN, können wir auch die vielen abgestorbenen und verängstigten Seelen unserer Mitmenschen wieder zu JESUS – und damit zu Glauben, Hoffnung und Liebe – führen. *SR.A.*

114

Seine Krone für CHRISTUS – König Stephan I. von Ungarn

Unter den Völkern Europas sind zwei aus Asien eingewandert: Finnland und Ungarn. Beide werden durch die Christianisierung europäisch. Der heidnische Mongolenstamm der Ungarn, der im 9. Jahrhundert eindringt, will weiter nach Norden, wird aber 955 von Kaiser Otto dem Großen auf dem Lechfeld bei Augsburg besiegt. 985 wird der 12jährige Fürst Stephan, der eine christliche Mutter hat, gemeinsam mit seinem Vater von Adalbert von Prag getauft. Stephan heiratet später die Bayerin Gisela von Scheyern (10) und wird, 24 Jahre alt, 997 Fürst von Ungarn (997-1038).

Weihnachten 1000 läßt sich Fürst Stephan mit der von Papst Silvester übersandten Stephanskrone zum Begründer des christlichen Königsreiches Ungarn machen. Der doppelte Stirnreif mit dem liegenden Kreuz, auch wenn er erst später nachgearbeitet ist, hat für Ungarn eine tiefe symbolische Bedeutung. Diese Krone gilt als Staatsschatz und wird während kommunistischer Zeit ins Ausland gerettet. Während seiner 33 Regierungsjahre ruft Stephan deutsche und griechische Ordensleute ins Land. Zugleich festigt er das ungarische Brauchtum, bejaht das Privat-Eigentum und die Kirchen-Ordnung samt dem Zehnten, geht aber auch, dem Zeitgeist entsprechend, gewaltsam gegen Gegner vor. Der König hat die Hilfe bayerischer Ritter. Je 10 Dörfer müssen gemeinsam eine Pfarrkirche errichten, die Stephan ausstattet. Er gründet Bistümer. Gegen mäßige Zahlung entläßt er viele Christensklaven in die Freiheit. Gegen den Kult mit Natur-Gottheiten geht er scharf vor. Um ungarische Heilig-Land-Pilger zu beherbergen, stiftet er Klöster von Rom über Konstantinopel bis Jerusalem und erkämpft die Pilgerstraße. So christianisiert er die heidnischen Magyaren.

Stephan ist fromm und ein großer Marien-Verehrer. Aus dem Jahr 1100 stammt seine Lebensbeschreibung, verfaßt von Bischof Hartwig von Passau. Der König wendet sich an seinen Sohn: „Mein Sohn, wenn du der Königskrone Ehre machen willst, befehle und rate ich dir, den katholischen und apostolischen Glauben gewissenhaft und sorgsam zu bewahren." Stephan begründet: „Um ein gutes Beispiel zu geben." „Im Königspalast hat die Kirche nach dem Glauben den 2. Rang… In unserem Reich gilt die Kirche immer noch als ganz jung und neu. Sie braucht deshalb eine besonders kluge und umsichtige Betreuung… Das Gute, das GOTT uns in Seiner Barmherzigkeit ohne unser Verdienst gewährt hat, darfst du nicht durch Trägheit, Unlust und Nachlässigkeit zerstören… Habe Geduld nicht allein mit den Mächtigen, sondern auch mit den Machtlosen… Sei demütig, damit GOTT dich erhöht… Sei schamhaft, und meide üble Begierden wie den Stachel des Todes. Aus all dem, was ich gesagt habe, setzt sich die Königskrone zusammen." Doch der Thronfolger, an den diese Botschaft gerichtet ist, stirbt 6 Tage vor seiner Krönung 1031 bei einem Jagd-Unfall.

Stephan wird 1083 heiliggesprochen. Seine unversehrte rechte Hand gilt in Ungarn als nationale Reliquie, aufbewahrt in der St. Stephans-Basilika in Budapest. Er wird als Schutzpatron Ungarns angerufen. Wie lebendig die Verehrung von König Stephan ist, erlebe ich Anfang der 90 Jahre in Budapest. Gerade hat Ungarn, indem es seine Grenzen öffnete, entscheidend zur Wiedervereinigung Deutschlands beigetragen. Da erinnert uns Dr. Martin

Riedlinger, 2021 mit 100 Jahren verstorben, Chefredakteur der „neuen bildpost" und selbst Ungar-Deutscher: Während des II. Weltkriegs wurde die große Glocke von St. Stephan weggenommen und ist in Hamburg zerbombt. „Wollen wir nicht als symbolischen Akt für eine neue Glocke sammeln?" fragt Dr. Riedlinger. Gesagt, getan. Die Glocke wird in Passau gegossen und auf der Donau nach Budapest verschifft. Die Glockenweihe erfolgt am St. Stephans-Tag. Mit einer Pilgergruppe nehme ich daran teil. Wir bekommen Ehrenplätze zugewiesen. Nach der Festmesse vor dem Dom nehmen wir am Fest-Umzug um das Dom-Viertel teil. „Die Deutschen bringen die Glocke zurück", sagen glückliche Ungarn. Als wir wieder am Stephans-Dom ankommen, ist die Glocke gerade montiert und schwingt über Budapest. *PWP*

NS-Martyrer Pater Alfred Delp

Der Jesuiten-Pater Alfred Delp (1907-1945) ist nur 38 Jahre alt, als er von den National-Sozialisten in Berlin-Plötzensee ermordet wird. Die atheistische Rassenlehre der NS-Diktatur kann die Botschaft der Liebe und den Auferstehungs-Glauben, der mit JESUS CHRISTUS Licht in das Dunkel der Welt bringt, nicht ertragen.

Schon 1933 entsteht das erste Konzentrations-Lager in Dachau, um politische und religiöse Gegner zu ermorden. In zwölf Jahren wurden hier – mit Außenlagern – über 200.000 Menschen zum Arbeiten eingesperrt, 41.500 wurden ermordet, bis am 29. April 1945 amerikanische Truppen das Lager befreiten. 1940 machte die SS Dachau zum Haupt-KZ für Geistliche aus ganz Europa: 2.800

Priester, 95% davon katholisch. Von diesen starben etwa 1.800 durch Gewalt, Hunger oder Krankheit. Allein 1.780 polnische Priester wurden nach Dachau gebracht. Von den 327 internierten deutschen Priestern staben 65 als Martyrer. Von denen, die CHRISTUS in Dachau in seinem Leiden folgten, sind mittlerweile 55 seliggesprochen worden. Sie alle hielten trotz Qualen an dem christlichen Glauben an die Auferstehung JESU von den Toten fest. Sie strahlten Güte, Liebe und Hoffnung aus und wurden so Hilfen für andere Lager-Bewohner auf dem schweren Weg. GOTT hat sie geprüft und Seiner würdig erfunden.

Alfred Delp stammt aus Mannheim. Er ist ein Vorkriegs-Kind, als er am 15. September 1907 geboren wird, und steht unter dem besonderen Schutz der GOTTES-Mutter Maria, denn am 15. September feiert die Kirche das Fest der „Sieben Schmerzen Mariens". Wie die GOTTES-Mutter wird Alfred in den Schmerzen der Hölle von Berlin-Plötzensee seine Liebe zu GOTT beweisen und ins Heroische steigern. Der Jesuitenpater Alfred Delp gehört zu den wichtigsten Widerstandskämpfern gegen den Nationalsozialismus in Deutschland: Sie alle leiten ihren Widerstand aus dem Glauben an JESUS CHRISTUS ab, der zu GOTTES- und Nächsten-Liebe, ja sogar Feindes-Liebe, aufruft und nicht zur brutalen Welt-Herrschaft der sogenannten arischen Rasse, einhergehend mit Diktatur, Krieg und Ermordung politischer Gegner.

Schon früh zeigt sich der starke Wille und die Geradlinigkeit Alfreds. Aufgrund des Willen des Vaters wird er protestantisch getauft und im März 1921 konfirmiert. Doch der 14jährige ist lieber bei den Katholiken. Immer wieder taucht er in die katholische Pfarrgemeinde ab. Es kommt schließlich zum Streit mit dem evangelischen Pastor, der diese Eskapaden nicht duldet. Doch Alfred ist konsequent: Sein Herz ist katholisch, also trennt er sich von seinem protestantischen Pastor und der evangelischen Kirche. Der Mainzer Bischof spendet ihm daraufhin persönlich im Juni 1921 die Erstkommunion. Alfred ist glücklich. Gleich nimmt er Kontakt auf mit dem Bischöflichen Konvikt in Dieburg und tritt dort ein. Mit glühendem Herzen engagiert er sich jetzt in der von den Jesuiten geprägten Jugendbewegung „Bund Neudeutschland". Christlich soll das Vaterland sein!

1926 macht Alfred das Abitur und wird Jesuit in Tisis in Süd-Deutschland bei Feldkirch. Hier lernt er auch Karl Rahner kennen, durchläuft die ordensübliche Jesuiten-Ausbildung und bekommt 1934 sogar für einige Monate das Amt eines Präfekten im Jesuiten-Kolleg St. Blasien im Schwarzwald anvertraut. 1937 empfängt er die Priester-Weihe durch Kardinal Faulhaber in München.

Pater Alfred Delp ist nun Seelsorger in München, würde aber gerne nebenher an der Universität arbeiten. Doch die NS-Behörden verweigern seine Immatrikulation. So schreibt er in der Jesuiten-Zeitschrift „Stimmen der Zeit" Glaubensbeiträge. Pater Delp ist 32 Jahre alt. Bald aber auch hier das NS-Verbot, christliche Glaubenswahrheiten zu veröffentlichen. Pater Delp und die Jesuiten sollen mundtot gemacht werden.

Alfred Delp aber kann den Mund nicht halten. 1941 macht ihn sein Orden zum Kirchenrektor der Gemeinde St. Georg in München-Bogenhausen, wo Alfred besonders als Jugend-Seelsorger wirkt und immer wieder in seinen Predigten das NS-Regime angreift. Delp hat Kontakte zum Kreisauer-Kreis, der Widerstands-Gruppe um den

Grafen von Moltke. Rückendeckung hat Delp durch seinen Provinzial Pater Augustinus Rösch. Für Rösch soll Pater Delp Vorschläge für die Neugestaltung Deutschlands nach einem möglichen Putsch gegen den NS-Diktator Adolf Hitler ausarbeiten: Wie kann eine freiheitliche, christliche, sozial-gerechte Gesellschaft nach dem Krieg aussehen? Alfred Delp scheint Moltke geeignet, denn er hat sich bereits intensiv mit diesem Thema beschäftigt. Pater Delp wirkt mit Herz-Blut: Basierend auf der Enzyklika „Quadragesimo Anno" rät er zu sozialer Marktwirtschaft, Arbeitnehmer-Mitbestimmung und Familienlohn.

Es ist der 20. Juli 1944: Der Widerstandskämpfer Graf von Stauffenberg – Offizier der deutschen Wehrmacht und Stabs-Chef im engsten Umkreis Hitlers – wird das geplante Attentat auf Hitler durchführen. Stauffenberg ist glühender Patriot und Nationalist, der jedoch den verbrecherischen Charakter der NS-Diktatur zunehmend erkannt hat und diesen ablehnt. Auch ist nach der Niederlage Deutschlands bei Stalingrad 1943 die Aussichtslosigkeit eines deutschen Sieges sonnenklar. Stauffenberg will durch den Staatsstreich einen humanistisch-christlichen Rechtsstaat wiederherstellen: „Es ist Zeit, daß jetzt etwas getan wird. Derjenige allerdings, der etwas zu tun wagt, muß sich bewußt sein, daß er wohl als Verräter in die deutsche Geschichte eingehen wird. Unterläßt er jedoch die Tat, dann wäre er ein Verräter vor seinem eigenen Gewissen. Ich könnte den Frauen und Kindern der Gefallenen nicht in die Augen sehen, wenn ich nicht alles täte, dieses sinnlose Menschenopfer zu verhindern."

Das Militär soll nach dem Staatsstreich die ausführende Gewalt übernehmen, bis eine Zivilregierung eingesetzt werden kann. Stabs-Chef Stauffenberg koordiniert seine

Umsturz-Pläne mit denen anderer Widerstands-Kreise: Mit Carl Friedrich Goerdeler und Generaloberst Ludwig Beck, mit Julius Leber und Wilhelm Leuschner sowie mit dem Kreisauer Kreis, in welchem Pater Alfred Delp und Peter Graf Yorck von Wartenburg mitarbeiten. Die Mehrheit des Kreisauer-Kreises befürwortet die Ermordung Hitlers als Voraussetzung für den Staatsstreich und die Neu-Gestaltung Deutschlands unter christlichen Werten. Moltke selbst allerdings hat bis zum Schluß Vorbehalte gegen den Tyrannen-Mord, da Gewalt der christlichen Lehre widerspricht.

Das Attentat auf Hitler und der Staatstreich am 20. Juli 1944 scheitern. Stauffenberg wird noch am 20. Juli im Berliner Bendler-Block standrechtlich erschossen. Mit ihm alle greifbaren Mitwisser der „Operation Walküre". Helmuth James Graf von Moltke wird verhaftet, der Kreisauer Kreis trifft sich nicht mehr. Auch im Notiz-Buch von Alfred Delp findet die Gestapo den Namen Claus Schenk Graf von Stauffenberg, so daß Pater Delp am 28. Juli in München inhaftiert wird. In Berlin-Tegel wird er von den Nazis verhört. Sie bieten ihm die Freilassung an, wenn er aus dem Jesuiten-Orden austritt und seiner Berufung entsagt. Der Pater weigert sich. Um nichts in der Welt gibt er CHRISTUS preis.

So legt der verhaftete Pater am 8. Dezember 1944 – dem Fest der Unbefleckten Empfängnis Mariens – seine ewige Ordensprofeß ab. Seine Hände sind gefesselt durch NS-Handschellen. Im Gefängnis tut der Pater das in aller Ruhe und GOTT-Ergebenheit, was er immer getan hat: Er feiert in aller Einfachheit das hl. Meßopfer und setzt seine schriftstellerische Tätigkeit fort. Er schreibt über eine mögliche Neuordnung Deutschlands, eines christlichen

Staates, in welchem die Kirche eine führende Rolle im moralisch-religiösen Leben übernehmen soll.

Am 9. Januar 1945 – kurz vor Kriegsende – beginnt der Prozeß am Volksgerichtshof gegen Pater Delp. NS-Richter Roland Freisler klagt ihn wegen Hoch- und Landesverrats an. Tiefer Haß der Nationalsozialisten gegen den Priester und die katholische Kirche machen sich Luft. Nach zwei Tagen erfolgt das Todes-Urteil, obwohl dem Jesuiten-Pater keine unmittelbare Beteiligung an Attentat und Staats-Streich bewiesen werden kann. Am 2. Februar – dem Fest Maria Lichtmeß – wird Alfred Delp in Berlin Plötzensee erhängt. Sein Leichnam wird verbrannt und die Asche über die anliegenden Felder verstreut. Doch die Mutter-GOTTES wacht: Ein Marien-Kind geht nicht zugrunde. Sie führt den unschuldigen Priester an ihrem Fest vor den Thron GOTTES.

Und der NS-Richter Roland Freisler, der das Todes-Urteil zu verantworten hat? Nur um zwei Tage überlebt er den ermordeten Pater. Freisler stirbt bei dem nächsten Bomben-Angriff auf Berlin. Trümmer begraben seinen Leichnam.   *SR.A.*

Das Viktorianische Zeitalter – Königin Victoria

Als die 18jährige Victoria 1837 Königin von Großbritannien und Irland wird, existiert noch eine Personal-Union mit Hannover. Das Viktorianische Zeitalter beginnt. England ist dank seiner wirtschaftlichen Blüte die führende Macht in Europa. Inmitten des Wechsels von liberalen und konservativen Regierungen ist die Krone das Symbol der Einheit. Königin Victoria ist über 63 Jahre lang im Amt. Erst 2015 übertrifft ihre Ururgroßmutter Königin Elizabeth II. von England sie an Regentschafts-Zeit. Zur Familiengeschichte gehört auch, daß Königin Victorias Mutter die verwitwete Fürstin im deutschen Leiningen ist und den verschuldeten britischen Herzog von Kent heiratete. Um ihrem Kind das Recht auf die Thronfolge zu sichern, kehrten beide aus der deutschen Kleinstadt Amorbach nach England zurück.

Während hohe Würdenträger anwesend sind, kommt Victoria 1819 – mit Hilfe einer deutschen Hebamme – zur Welt. Der anglikanische Erzbischof von Canterbury tauft das Baby, wozu eigens das königliche Taufbecken herantransportiert wird. Taufpaten sind Prinzregent Georg und der russische Zar Alexander I.. Der Prinzregent entscheidet die Namenswahl: Nur Alexandrina (nach dem Zaren) oder Victoria (nach der Mutter) kommen in Frage. Noch aber (1819) steht Victoria erst an 5. Stelle der Thron-Folge in England. Als sie noch kein Jahr alt ist, stirbt ihr Vater. Die königliche Familie möchte Mutter und Töchterlein „Drina" nach Deutschland abschieben – doch sie bleiben, wie durch göttliche Hand festgehalten, im königlichen Palast.

Die Erzieherin, welche „Drina" mit 5 Jahren erhält, ist die deutsche Baronin Louise Lehzen. Das Kind bewundert und respektiert die Dame sehr. Als Victoria 10 ist, wird ein anglikanischer Geistlicher ihr Hauslehrer: An 6 Wochentagen erhält sie je 5 Stunden Unterricht. Sie wächst vielsprachig auf und erhält Reit- und Klavierunterricht. Doch 1831 darf Victoria im Alter von 12 Jahren die Krönung ihres Onkels nicht miterleben, um nicht selbst Ansprüche auf den englischen Thron zu entwickeln. Nachts ist sie daher auch immer im Schlafzimmer ihrer Mutter, andere Personen trifft sie nur unter Aufsicht, selbst eine Treppe darf sie nur in Begleitung heruntergehen. Sie hat kaum Spielgefährten, wohl ein Hündchen. Nur ihr Onkel, König Leopold I. von Belgien, empfiehlt ihr Bücher, die für eine Regentschaft vorbereiten.

Mit 16 ist Victoria so klug, den Finanz-Bevollmächtigten trotz seines Drängens nicht zu ihrem Privat-Sekretär zu ernennen. Seitdem spricht die Mutter kaum noch mit ihr. Das junge Mädchen hat sich gegen die Mutter und den Hof durchgesetzt. Jetzt entsendet ihr der König von Belgien, Leopold I., einen Berater und Helfer, damit sie nicht allein ist.

Zwei Jahre später dann der große Tag für Prinzessin Victoria: Sie wird 18 Jahre alt, und der Königsthron ist frei. Alle vier Thron-Anwärter sind inzwischen verstorben, und seit kurzem auch der amtierende englische König. Wir schreiben das Jahr 1837. Um 6 Uhr morgens wird die 18jährige Victoria von ihrer Mutter geweckt: Der Erzbischof von Canterbury und ein Lord wünschen sie zu sprechen. Sie zieht ihren Morgenmantel an, geht allein in ihr Wohnzimmer und erfährt, daß sie Königin ist. Bereits vormittags kommt der Premier-Minister und lädt ein zur Kronrats-

124

Sitzung. Zuerst unterschreibt die junge Königin als Alexandrina Victoria, später nur noch als Victoria. Erst 1838 ist der Krönungstag in Westminster Abbey. Die Staatskutsche, ein Festzug, und 400.000 Zuschauer! Die Edwards-Krone ist zu schwer für die junge Königin, eine neue mußte gefertigt werden. Auch das „House of Commons" – die gewählten Volksvertreter – nimmt an der Krönung teil.

Das demokratische Selbstbewußtsein Englands wächst in den Folgejahren, denn das Wahlrecht wird allmählich demokratisiert (1832, 1867, 1884). Seit 1822 dürfen auch Katholiken ins Unterhaus gewählt werden. Den Zehnten aber müssen sie für die anglikanische Staatskirche entrichten. Victoria schreibt in ihr Tagebuch: „Ich fühle mich stolz, Königin eines solchen Volkes zu sein."

Lord Melbourne ist der Premier-Minister der neuen Königin. Er führt sie in alle Regierungs-Geschäfte ein und berät sie auch in privaten und modischen Angelegenheiten. 1839 heiratet Königin Victoria ihren Cousin Albert von Sachsen-Coburg und Gotha. Doch das „House of Commons" gewährt dem Deutschen keinerlei Mitregierung. Wie es das Hof-Protokoll vorschreibt, hält die Königin um die Hand der Prinzen Albert an. Es ist eine Liebes-Heirat. Beide sind romantisch veranlagt und lieben Musik. Die britische Öffentlichkeit aber tut sich schwer mit dem Deutschen. Viktoria bestimmt als Königin über den Kopf ihres Gemahls hinweg dessen Hofstaat. Albert läßt es geschehen. Er darf an politischen Entscheidungen nicht teilnehmen. Sie selbst lehnt Veranstaltungen mit Künstlern und Wissenschaftlern ab, da sie sich in Gesprächen mit diesen unterlegen fühlt. Anders Albert. Er studiert nun englisches Recht und wird Präsident der „Gesellschaft zur Abschaffung der Sklaverei". Der Prinz läßt Parks umgestalten, errichtet eine Musterlandwirtschaft und züchtet ein kleines Gestüt. Sein ruhiges und ausgleichendes Temperament wirkt Wunder an der impulsiven Königin. Als Premier Melbourne seinen Abschied nimmt, empfiehlt dieser seiner Königin, sich politisch von ihrem Ehemann beraten zu lassen. Tatsächlich wird Albert jetzt eine Art Privatsekretär und heimlicher Premier. Doch wehe, wenn Victorias Jähzorn durchbricht! Sie aber sieht sich „gesegnet mit einem solchen Mann! Ich glaube, niemand ist so völlig verwandelt worden wie ich!", vertraut sie ihrem Tagebuch an.

Während 17 Jahren wird Victoria neunmal Mutter. Bei der Geburt ihrer beiden Jüngsten läßt sie sich durch Chloroform betäuben, was viele Nachahmerinnen findet. Die kleine Prinzessin Victoria erhält, anderthalb Jahre alt, bereits Unterricht in Französisch, mit drei Jahren in Deutsch. Mittelpunkt des Lebens bleibt nicht London, sondern das Landleben in Windsor Castle und später auf der Isle of Wight. Dort lernen die Prinzen Schreinern und Gärtnern und die Prinzessinnen, den Haushalt zu führen. Ihr Vater ist Erzieher und manchmal Lehrer und spielt oft mit seinen Kindern.

1845 bis 1849 bricht in Irland, welches seit 1822 auch im Unterhaus vertreten ist, eine Kartoffel-Fäule mit Mißernten aus – eine Hungersnot läßt von den 8 Millionen Iren eine Million verhungern. Rund 2 Millionen Iren wandern in die USA, nach Australien und Neuseeland aus. Der neue Premier Peel kann im Parlament nicht erreichen, daß die Getreidezölle aufgehoben werden. Die Großgrundbesitzer sind dagegen. Da verfassen Albert und Victoria ein Memorandum. Nun kann Peel die Zölle abschaffen, verliert aber sein Amt durch seine Partei. Königin Victoria spendet für hungernde Iren und macht eine Rundreise durch Irland, die sie später dreimal wiederholt.

1848 bietet die Königin dem französischen König Louis Philippe I. während der politischen Unruhen in Frankreich Asyl. Auf Victoria selbst werden im Laufe der Jahre 7 Attentate verübt. Doch die Gerichte verneinen politische Motive. Victoria bleibt gelassen. Im Krimkrieg (1853-1856) treten Türken, Franzosen und Engländer gegen Rußland an. England zählt 22.000 tote Soldaten, von denen 17.000 wegen Nachschub-Problemen, Krankheiten oder Seuchen sterben. Das Königspaar unterstützt das Bemühen, Lazarette zu verbessern. 1856 nimmt Victoria erstmals an einem Manöver teil und stiftet das Victoria-Kreuz als Orden. Doch ihr Mann wird noch immer als „Deutscher" beschimpft, obwohl seine Verdienste für Großbritannien unbestritten sind. 1851 stellt Albert die erste Große Weltausstellung in England auf die Beine. 1857 verleiht ihm Victoria den Titel „Prinzgemahl". 1859 wird Victoria mit 39 Jahren Großmutter. In Berlin bringt ihre älteste Tochter Victoria den späteren Kaiser Wilhelm II. zur Welt. Die Königin sieht die Verflechtungen der europäischen Königshäuser als Mittel zum Frieden.

1861 stirbt Prinzgemahl Albert (42). Victoria (42) schreibt: „Die Welt existiert für mich nicht mehr." Fortan trägt sie schwarze Witwen-Tracht. Alberts Sterbezimmer in Windsor bleibt unverändert, seine Handtücher werden regelmäßig gewechselt, jeden Abend warmes Wasser für ihn bereitgestellt. Das Volk spricht von der „Witwe von Windsor". Erst 1866 kommt die Königin wieder nach London, um das Parlament zu eröffnen. Zuvor reist sie 1865 nach Deutschland, um ein Denkmal für Albert in Coburg zu enthüllen. Die Monarchie droht, unpopulär zu werden.

Wiederholt warnt Victoria damit, daß sie ihre „Dornen-krone" niederlegen wolle.

1864/65 wird John Brown, schottischer Diener der Köni-gin, ihr ständiger Begleiter. Er betritt ihr Zimmer, ohne anzuklopfen, nennt sie nur „Woman", verhindert ein Attentat. Sie nennt ihn offen „Freund". 1883 stirbt John nach 18 Jahren Dienst: Victoria (64) ist sehr bewegt.

Zehn Premiers überlebt die Königin. Der von ihr bevor-zugte Disraeli darf während der Audienzen sogar sitzen. Seit 1871 hat ihre älteste Tochter Vicky als deutsche Kaise-rin den Vorrang vor der Mutter. So macht das englische Parlament kurzerhand Mutter Victoria 1877 zur „Kaiserin von Indien". Dort nimmt diese eine indische Leibgarde und lernt Hindustani und Urdu. Koloniale Machtpolitik hält Königin Victoria für notwendig – ganz im Trend des Zeitalters des Imperialismus, als alle europäischen Staaten die Welt unter sich aufteilen und überall Kolonien grün-den. England ist dabei führende Großmacht.

Großbritannien ist „Weltpolizist", führend im Welthandel. Die Macht der Krone verringert sich im Laufe des 19. Jahr-hunderts, doch das Ansehen Victorias wächst. 1887: Gol-denes Thron-Jubiläum. 50 Fürstenhäuser Europas sind eingeladen. Noch glänzender das Diamantene Thron-Jubiläum 1897. Die 78jährige Victoria fährt in einer acht-spännigen Staatskutsche 10 Kilometer durch London, auch durch ärmere Bezirke. Abordnungen sämtlicher Kolonien nehmen teil an diesem „Festival oft he British Empire". Doch noch übergibt Victoria die Macht nicht an ihren ältesten Sohn Bertie, obwohl sie mit Rheumatismus im Rollstuhl sitzt und schlecht sieht. 1901 stirbt Victoria. In ihren Sarg mitgegeben werden auf ihren Wunsch: Ein Alabaster-Abdruck von Alberts Hand, eine Locke von

John Brown und Fotos. Sie selbst liegt im Sarg mit weißem Brautkleid und Brautschleier. Ihr Tod beendet das „Viktorianische Zeitalter" und auch die seit 1714 bestehende Herrschaft des Hauses Hannover. Victoria und Albert werden „Großeltern Europas" genannt. *SR.A.*

Rebell wider Willen – Marcel Lefebvre

Nur 20 Jahre alt, erwirbt der Franzose Marcel Lefebvre 1925 an der Gregoriana in Rom den Dr. phil., mit 24 den Dr. theol. Im selben Jahr 1929 wird er zum Priester geweiht. 1930 wird er Mitglied der Kongregation der Väter vom HEILIGEN GEIST (Spiritaner). Bereits 1932 wird er Professor für Glaubenslehre und Bibelwissenschaft im afrikanischen Gabun und 1934 Regens des dortigen Priesterseminars. Zwei Jahre später ist er im Busch Direktor einer Mission und wirkt zusätzlich als Baumeister, Buchdrucker, Elektriker und Automechaniker. Zugleich lernt er die schwierigen Umstände der Liturgie von Missions-Stationen kennen. Während dieser Zeit stirbt sein Vater als Widerstandskämpfer im KZ Sonnenburg.

Erst 42 Jahre alt, wird Pater Marcel 1947 Weihbischof und bald darauf Bischof der Hafenstadt Dakar im Senegal am Atlantik. Schon 1948 ernennt ihn Pius XII. zum päpstlichen Repräsentanten für den französisch sprechenden Teil Afrikas mit dem Titel Apostolischer Delegat. 1955 wird er Erzbischof von Dakar. In seinem Wirkungsbereich erhöht er die Zahl der Bistümer von 34 auf 62. Der Weg zum Kardinal steht ihm offen, obwohl Erzbischof Lefebvre ihn nie anstrebt.

Sieben Jahre später verzichtet er auf Wunsch von Johannes XXIII. auf das Erzbistum zugunsten eines Afrikaners und wird kurz darauf zum Generaloberen seines Ordens gewählt, der 5.300 Mitglieder zählt, unter ihnen 60 Bischöfe. Im selben Jahr 1962 beginnt im Oktober das II. Vatikanische Konzil, das bis 1965 dauert. An ihm nehmen die 2.400 Bischöfe aus aller Welt teil. Warnungen vor einem Konzil existieren seit Jahrzehnten.

Pius X. warnt 1907: Feinde der Kirche seien in ihr Inneres eingedrungen, sie von innen her zu zerstören. 1923 halten 30 Kurien-Kardinäle mit Pius XI. ein Konzil für überflüssig. 1948 läßt Pius XII. den Ruf nach einem Konzil drei Jahre lang prüfen und lehnt dann ab. 1959 aber verkündet Johannes XXIII. im Alleingang aufgrund einer nächtlichen Inspiration das II. Vatikanische Konzil. Lefebvre wird 1960 in die Vorbereitungs-Kommission berufen. Die vorbereiteten 72 Schemata bejaht er als rechtgläubig. Sie alle sind von bewährten, gelehrten Bischöfen verfaßt, werden aber bereits binnen 2 Wochen von der Mehrheit verworfen, dirigiert von einer geschickten Minderheit. Lefebvre und 450 konservative Theologen organisieren sich mit Kardinal Ottaviani. Lefebvre befürwortet die Liturgie-Konstitution und fast alle Dokumente des Konzils. Manche enthalten allerdings getarnte liberale Angeln. Dennoch gelingt es den Konservativen, einige Konzilstexte zu verändern. Dieses Pastoral-Konzil verkündet jedoch keine Dogmen, will also trotz aller hohen Aussagen nicht unfehlbar sein. Kardinal Ratzinger betont das wiederholt auch nach dem Konzil.

Besonders schmerzlich hat den Autor dieser Zeilen eine Formulierung in der „Erklärung über das Verhältnis der Kirche zu den nichtchristlichen Religionen" getroffen. In

130

der Erklärung zum Islam heißt es: „Mit Hochachtung betrachtet die Kirche auch die Moslems, die den alleinigen Gott anbeten." Zwar lautet eine spätere Verdeutlichung im selben Zusammenhang: „Jesus, den sie allerdings nicht als Gott anerkennen…" – doch später folgt ein Lob: „Daher haben sie eine hohe Achtung vor dem sittlichen Leben!", eine Aussage, die von völliger Unkenntnis des Islam zeugt, also ein Sach-Irrtum. Solche Formulierungen haben im Laufe der Jahrzehnte zu Verbrüderungen mit dem Islam geführt, die dem katholischen Glauben widersprechen. Weitere Beispiele seien dem Autor erspart. Eingaben von Tausenden von Unterschriften haben in Rom nichts bewirkt. Gottlob ist die zitierte Stelle nicht dogmatisiert. Der Erzbischof erklärt: Religionsfreiheit kann nicht auf falsche Religionen angewendet werden.

1966 befragt Kardinal Ottaviani alle Bischöfe und Generaloberen über die Auswirkungen des Konzils. Erzbischof Lefebvre stellt Verwirrung fest: Weniger Ehrfurcht, weniger Berufungen, weniger Beichten. Verantwortlich dafür sieht er den Liberalismus, mit dem sich die Kirche vermählt habe. „Die Zerstörung der Kirche schreitet mit Riesenschritten voran." 1968 tritt Marcel Lefebvre als Generaloberer der Spiritaner zurück. Der Rückhalt im modernistisch gewordenen Generalkapitel ist ihm verlorengegangen. Der 63jährige zieht zu den Schwestern ins Litauische Kolleg in Rom. 1969 bitten ihn jedoch konservative Seminaristen, ein Seminar zu gründen. Das vollzieht er in der Schweiz, in Freiburg. Bischof Charrière errichtet die Priesterbruderschaft St. Pius X. als pia unio, als fromme Vereinigung. Mit Zustimmung des Ortsbischofs von Sitten gründet Lefebvre 1970 ein internationales Priesterseminar in Econe. Bereits 1974 zählt es 16 Professoren und 104 Seminaristen.

Inzwischen ist – seit 1969 – die neue Meßordnung durch Paul VI. verpflichtend gemacht, eine Liturgie, welche protestantische Pastoren gemeinsam mit dem Papst-Vertrauten Erzbischof Bugnini entworfen haben – nach dem Konzil: Bugnini wird als Freimaurer enttarnt und in den Iran versetzt. Zu dieser Meßform verweigert Lefebvre den Gehorsam, getreu seinem Wort „Blinder Gehorsam ist nicht katholisch". Der Seminar-Gründer bleibt bei der alten Sonderform von 1962, zugleich aber offiziell bis 1972 Berater der Glaubens-Kongregation. 1974 erklärt er: Für gläubige Katholiken ist es unmöglich, sich der Liturgie-Reform „auch nur im Geringsten" zu unterwerfen. Er meint die – bereits von Martin Luther gewünschte – Meßfeier hin zu den Gläubigen, und zwar in der Landessprache mit veränderten Meßtexten und damit einem veränderten Glauben. „Ich habe 3 Kriege durchgemacht: Den von 1914 bis 1917, den von 1939 bis 1945 und den dritten von 1962 bis 65", wobei er mit letzterem das Konzil meint. „Ja, das ist der schlimmste, der schwerwiegendste."

1975 wird seine Gründung ohne Verfahren von Rom aberkannt. Damit fehlt die kirchenrechtliche Grundlage. 1976 weiht er dennoch Priester und wird daraufhin von Rom suspendiert. Alle Vollmachten werden ihm von Paul VI. entzogen. In einem Brief an den Papst schreibt der Erzbischof von einer „grundsätzlichen Unvereinbarkeit zwischen der katholischen Kirche und der konziliaren, wobei die Messe Pauls VI. das Programm der konziliaren Kirche darstellt." Auf die Forderung, die Piusbruderschaft solle den Ritus wechseln, entgegnet er: „Ganz langsam und vorsichtig wird die protestantische Auffassung der Messe in die heilige Kirche eingeführt." Die Häresie werde begünstigt. Doch zur Firmung: „Ich anerkenne die Rechtswirksamkeit der neuen lateinischen Formel." Und er wehrt sich: „Ich anerkenne nicht, daß ich der Strafe der Suspension verfallen bin." Und: „Alle gegen mich seit 1974 ergriffenen Maßnahmen sind gesetzwidrig… Ich glaube, daß meine Aktivitäten der Kirche gedient haben."

Die Fronten verhärten sich. Dennoch erklärt Erzbischof Lefebvre: „Wenn jemand sich vom Papst trennt, werde nicht ich es sein." Zugleich: „Paul VI. hat der Kirche mehr Schaden zugefügt als die Revolution 1789." Und: „Wir lehnen den Liberalismus Pauls VI. aus Treue zu seinen Vorgängern ab." Zu Unrecht kritisiert das Internet einzelne seiner Predigt-Äußerungen, da der Erzbischof nicht alle politischen Hintergründe kennen kann.

Aus der Tatsache, daß dem Obersten kirchlichen Gerichtshof von Kardinal-Staatssekretär Villot untersagt wird, Lefebvres Berufung zu behandeln, geht hervor: Die Päpste werden auch von einzelnen Mächtigen in der Kurie unterlaufen. Zahlreiche Briefe nach Rom werden nur teilweise beantwortet. Ob sie in die Hände des Papstes gelangt sind, ist nicht feststellbar. Der Erzbischof selbst stellt fest: „Meine Ungewißheit beruht auf der Tatsache, daß ich lange Zeit daran gehindert wurde, Papst Paul VI. zu sehen, und daß ich feststellen mußte, daß man mich bei ihm verleumdet hatte." Doch die Priesterbruderschaft wächst. So erhält deren Leiter 1978 einen umfangreichen Fragebogen aus Rom, den er auch redlich beantwortet. Die Antworten von 81 Seiten sind enthalten in dem fast 1.000 Seiten starken Werk der Priesterbruderschaft von 1992 „Damit die Kirche fortbestehe" (Dokumente, Predigten und Richtlinien) über Erzbischof Lefebvre als Verteidiger des Glaubens, der Kirche und des Papsttums.

Seine These, jeder Katholik, der die neue Messe mitfeiere, riskiere sein Seelenheil, wird heute von den „Piusbrüdern" mit der Aufforderung an die Gläubigen in die Praxis umgesetzt: Keine Teilnahme an hl. Messen im „novus ordo", lieber geistige Kommunion daheim. Besser nur einmal im Monat bei der FSSPX kommunizieren und sonst zu Hause beten, als in eine „moderne hl. Messe" zu gehen. Ein schwerwiegendes Wort gegen die Sonntagspflicht. Denn: Solange das hl. Meßopfer im „novus ordo" würdig zelebriert wird, ist es auch gültig. Gleichzeitig erklärt der Gründer der Bruderschaft: „Wir haben nie behauptet und wir behaupten nicht, daß der neue Meßritus in sich ungültig oder häretisch ist." Einschränkend aber stellt er fest: Die Liturgie-Reform stellt eine sehr schwere Gefahr für den katholischen Glauben dar.

1983 wird der deutsche Pater Franz Schmidberger zum Nachfolger als Generaloberer ernannt. 1984 erlaubt Johannes Paul II. unter Bedingungen Meßfeiern im alten Ritus, der nach wie vor von vielen Gläubigen geliebt wird. So beauftragt der Papst 1985 Kardinal Ratzinger, den er „unbedingt" als Leiter der Glaubens-Kongregation haben wollte, Verhandlungen mit Erzbischof Lefebvre aufzunehmen. Dieser trägt die Bitte vor, drei Bischöfe aus der Pius-Bruderschaft vorschlagen zu dürfen. Rom weigert sich. 1986 warnt der Erzbischof vor dem interreligiösen Treffen in Assisi, das der Hand der Organisatoren entgleitet. Die Verhandlungen gehen weiter. Zeitweise erwähnt Rom die Möglichkeit, einen Bischof als Nachfolger zuzulassen. Schließlich scheitern die Verhandlungen mit Kardinal Ratzinger 1988 in letzter Minute.

1988. Lefebvre ist 83 Jahre alt. Gemeinsam mit Bischof Antonio de Castro Mayer weiht er ohne päpstliche Erlaubnis vier Priester der Bruderschaft zu Weihbischöfen: Einen Schweizer, einen Franzosen, einen Engländer und einen Spanier. Johannes Paul II. sieht darin einen schismatischen Akt. Alle fünf Bischöfe sind als Folge exkommuniziert. Etwa 15 „Piusbrüder" verlassen ihre 212 Mitbrüder und gründen die Petrus-Bruderschaft in Gehorsam zu Rom. Nach katholischer Lehre sind die Weihbischöfe dennoch gültig geweiht. 1991 zählt die Bruderschaft 249 Priester und 215 Seminaristen. 84 früher Geweihte sind jedoch ausgetreten. Haben sie die ständigen Anfeindungen gegen „Piusbrüder" nicht ertragen? Im selben Jahr stirbt, 85 Jahre alt, der Ordensgründer. 1992 existieren weltweit 600 Meßzentren der Bruderschaft, fast 50 Schulen, 5 Exerzitienhäuser und 6 Priesterseminare. Von ihrem englischen Weihbischof Williamson trennt sich die Bruderschaft, da er den Holocaust leugnet. Inzwischen zählt die Bruderschaft 700 Priester und wächst weiter. Ein Druck auf Rom.

Um Zerrissenheit zu heilen, ist von allen Beteiligten Demut notwendig, um gegenseitiges Mißtrauen abzulegen. Im biblischen Gleichnis eilt der Vater dem weggelaufenen und reumütig zurückgekehrten Sohne entgegen, der bekennt: „Ich habe gesündigt vor dem Himmel und vor dir." Und darauf vertraut: Der Vater wird ihn ohne Hinterhalt wieder aufnehmen. Weggelaufen sind die Piusbrüder, haben den Gehorsam verweigert und müssen nun im HEILIGEN GEIST heimkehren. Positiv: Die missa tridentina und die Priester-Ausbildung im alten Ritus sind durch Marcel Lefebvre gerettet. Das sollte der Vatikan anerkennen. Gespräche sind wieder aufzunehmen – ohne Angst voreinander. Geduld und Demut, Piusbrüder! Mut, Rom!

2020 werden die Gebeine von Erzbischof Lefebvre in die
Seminarkirche von Econe überführt und in einen Sarko-
phag eingelassen. *PWP*

Er komponierte die Wassermusik –
Georg Friedrich Händel

Georg Friedrich Händel, einer der größten Komponisten der Epoche des Barock und Rokoko, ist Weltbürger:
Geboren wird er in Deutschland 1685 in Halle an der
Saale, lebt aber seit 1727 in London und nimmt die englische Staatsbürgerschaft an, wo er auch 1759 stirbt. Wer
kennt und liebt sie nicht: Händels *Feuerwerksmusik* und
seine *Wassermusik*? Und allen voran seinen *Messias* mit
dem weltbekannten *Halleluja*?

Händel schreibt Kirchenmusik für den englischen
Königshof, daneben macht und schreibt er Kammer-
und Klaviermusik für weltliche Anlässe, dazu kommen
42 Opern und 25 Oratorien. Er zählt zu den größten
Musikern der Weltgeschichte und ist Zeitgenosse des
großen Musikers Johann Sebastian Bach. Händels Vater
möchte aus seinem Sohn einen Juristen machen und
erkennt das musische Talent seines Sohnes nicht an.
Mutter Dorothea aber fördert den kleinen Georg Friedrich mit seiner Liebe zur Musik, so gut sie es kann. Als
der 8jährige einmal im Schloß Neu-Augustusburg auf
der Orgel vorspielt – Vater Händel war Leib-Chirurg
und Kammerdiener – ist der Herzog von Sachsen-Wei-
ßenfels so voll des Lobes über den kleinen Georg Friedrich, daß er Vater Händel dazu überredet, den Jungen
musikalisch ausbilden zu lassen.

Der junge Händel lernt nun bei dem Direktor der Marktkirche Unserer Lieben Frau in Halle, verschiedene Instrumente zu spielen und die Grundlagen der Kompositions-Technik. Mit 9 Jahren komponiert Georg Friedrich seine erste Kirchen-Melodie. 1698 reist der 13jährige zusammen mit seinem Vater an den Hof des Landesfürsten Kurfürst Friedrichs III. in Berlin. Der Kurfürst ist so begeistert von dem kleinen Genie, daß er den Vater bittet, ihn auf kurfürstliche Kosten in Italien ausbilden zu lassen, um ihn dann an seinem Hof anstellen zu können. Doch Vater Händel lehnt das Angebot ab.

1701 wird dann auch der bekannte Musiker Georg Philipp Telemann auf den jungen Georg Friedrich Händel aufmerksam und reist eigens nach Halle, um den begabten Jugendlichen kennenzulernen. Beide Komponisten lernen sich gegenseitig wertschätzen, und eine lebenslange Zusammenarbeit entsteht. Doch bleibt die Musik zunächst nur eine Nebentätigkeit für Georg Friedrich. Wohl unter der Hand seines Vaters schreibt er sich 1702 an der Universität Halle zum Jura-Studium ein. In seiner Freizeit hat er den Posten eines Organisten am Dom zu Halle für ein Jahr auf Probe angenommen. Daneben komponiert er aus Leidenschaft: „Ich schrieb damals wie der Teufel, am meisten für die Oboe, die mein Lieblingsinstrument war."

Aus dem Musik-Hobby aber wird Händels Leben. Ab 1703 spielt er Violine und Cembalo im gerade neu eröffneten Opernhaus in Hamburg und bringt dort 1705 seine erste Oper „Almira" auf die Bühne. Ein lebhaftes, leicht entflammbares Gemüt hat der junge Musiker: Bei einer Aufführung der Oper „Cleopatra" kommt es zu einem

Duell auf offener Bühne zwischen Georg Friedrich und seinem Freund Johann Mattheson, da sich beide um den Dirigentenposten rangeln. Die Freundschaft zerbricht, doch Händel komponiert bis 1708 weitere Opern in Hamburg. Dann reist er auf eigene Kosten nach Italien.

Florenz, Rom, Neapel, Venedig – vier Jahre lang atmet er die Luft des Südens. Als der Musiker Domenico Scarlatti beim Karneval in Venedig den maskierten Händel inkognito auf einem Cembalo spielen hört, ruft er aus: „Das ist entweder der berühmte Sachse oder der Teufel!" Händel komponiert Oper nach Oper in Italien. Dann aber auch zwei Oratorien für angesehene Kardinäle, die ihn finanziell förderten. 1709 dann die Einladung an den Hof von Hannover durch den Kurfürsten Georg Ludwig. Der Kurfürst ist begeistert. Er bietet Händel den Posten eines Hofkapellmeisters an mit 1.500 Reichstalern Gehalt jährlich. Händel nimmt an, stellt jedoch – da er Weltenbummler ist und gerne reist – die Bedingung, zeitweise vom Hof abwesend sein zu dürfen. „Seine Begierde war noch nicht gesättigt und soweit davon entfernet, solange noch ein musikalischer Hof zu finden war, den er nicht gesehen hatte!", so der Biograph Mainwaring. England kennt die Oper noch nicht richtig. Erst kürzlich hat das Queen′s Theatre eröffnet, doch weder englische noch italienische Opern sind hier Mode. Dies wird erst 1712 durch Händel anders: Sein „Rinaldo" macht ihn zum Star. Doch bald ist der Urlaub in England abgelaufen und Händel muß zurück nach Hannover. Von dort zieht es ihn wieder nach England, und sobald er von seinem Arbeitgeber frei bekommt, komponiert er für die englische Königin Anne und die Oper. Queen Anne ist so glücklich darüber, daß sie ihm eine jährliche Pension von 200 Pfund gewährt.

1714 Händels große Stunde in England: George I. wird in Westminster Abbey zum König gekrönt, und Georg Friedrich Händel komponiert im königlichen Auftrag die „Wassermusik". Bis heute beliebt und weltweit bekannt. Die „Wassermusik" und auch die spätere „Feuerwerksmusik" – ebenfalls vom König in Auftrag gegeben – sind Freiluftmusiken: Die drei Suiten der *Water Music* begleiten die königlichen Bootsfahrten auf der Themse (1717). Die *Music for the Royal Fireworks* (1749) wird im Green Park in London uraufgeführt, anläßlich des Aachener Friedens von 1748.

Ab 1732 entstehen die großen Oratorien wie z. B. „Saul" (1739) und „Jephta" (1751). Der Chor im „Jephta" besingt gerade die Undurchsichtigkeit der Ratschlüsse GOTTES: "How dark, O Lord, are thy decrees", als Händel seine Partitur wegen Erblindung abbrechen muß. Es ist der 13. Februar 1751: „Biß hierher komen den 13. Februar 1751, verhindert worden wegen des Gesichts meines linken Auges." Doch Händel ergibt sich in den Willen GOTTES und stimmt ein in den Chor: "Whatever is, is right." Trotz seiner Blindheit nimmt Händel an den Aufführungen seiner Werke teil und spielt sogar die Orgel. Er komponiert neue Arien und überarbeitet alte. Noch eine Woche vor seinem Tod spielt er in seinem „Messias" die Orgel. Wie JESUS verstirbt Händel am Karfreitag (1759). Der große Musiker ist 74 Jahre alt. Er hinterläßt ein großes Vermögen von etwa 2 Mio – 6 Mio Euro, angelegt in Wertpapieren. Sein Grab in der Dichter- und Musiker-Ecke der Westminster Abbey. 3000 Menschen nehmen an seiner Beerdigung teil, obwohl er sich ein Begräbnis in aller Stille gewünscht hat.

Schon zu Lebzeiten ist Händel ein Star. In England gilt er als Klassiker. Sein Oratorium „Der Messias" ist ein riesiger Erfolg, als es in Dublin 1742 ur-aufgeführt wird. Gleich dreimal muß die Aufführung wiederholt werden. Das Werk umfaßt die ganze christliche Heilsgeschichte: Die Propheten des Alten Testaments kündigen den Erlöser im ersten Teil des Oratoriums an. Der zweite besingt das Leben JESU und Sein Erlöserwirken. Der dritte Teil drückt die Hoffnung auf die zweite und endgültige Wiederkunft CHRISTI aus. „Messias" ist ein Ehrentitel und bedeutet übersetzt „der Gesalbte". Das berühmte „Hallelujah" jubelt der Chor am Ende des zweiten Teils, denn JESUS ist von den Toten auferstanden. Händel ist tief im Herzen Christ.

Der Komponist Haydn erstarrt in Ehrfurcht vor dem Werk Händels, als er dessen Oratorien in London lauscht: „Als sei ich an den Beginn meiner Studien zurückversetzt worden und habe bis dahin nichts gewußt." Ludwig van Beethoven († 1770) läßt sich von Händels Musik inspirieren. Felix Mendelsohn Bartholdy sorgt nach der Jahrhundertwende dafür, daß Händels Oratorien auch in Deutschland aufgeführt werden, und Johannes Brahms veröffentlicht die erste deutsche Gesamtausgabe mit Händels zahlreichen Musik-Werken. 1942 dann auch die erste verfilmte Biographie in England: „Der große Händel". Und seit 1955 macht die deutsche „Georg-Friedrich-Händel-Gesellschaft" das umfangreiche Werk für die Allgemeinheit zugänglich. Die Arbeiten sollen 2023 abgeschlossen sein.   *SR.A.*

„Das Wandern ist des Müllers Lust" – Joseph Freiherr von Eichendorff

An seinem Grab im oberschlesischen Neiße singen wir, eine Pilgergruppe, in halber Dunkelheit „In einem kühlen Grunde, da geht ein Mühlenrad", seine schlichten, volksliedhaften Verse, wie sie meist seine Gedichte prägen. Ein Bach, ein Tal, der Wald sind für ihn Bilder, in denen sich die Stimmung der Seele widerspiegelt. Schon als Junge bin ich von seiner Novelle „Aus dem Leben eines Taugenichts" begeistert, vom Müllerburschen, der alle belächelt, die nur auf Sicherheit bedacht sind, und der auf Erden niemals richtig seßhaft wird. Sehnsucht und Wandern gehören dazu, Fernweh und Abschied. Wohl 5.000mal sind Verse des Romantikers vertont, vor allem von Robert Schumann.

Auf Schloß Lubowitz bei Ratibor, damals seit kurzem preußisch wie ganz Schlesien, wird der Freiherr 1788 geboren. Schon als Kind, von einem Pfarrer unterrichtet, fängt er an zu dichten, mit 12 schreibt er Tagebuch. Drei Jahre lang lernt er im katholischen Matthias-Gymnasium in Breslau und beginnt mit 17, Jura zu studieren. Schon früh tauscht er Dichtungen mit anderen Schriftstellern aus. Als 20jähriger reist er mit dem berühmten Görres nach Paris. Bis 1812 unternimmt er vielerlei Reisen, um dann an den Befreiungskriegen teilzunehmen. Mit 27 heiratet er gegen den Willen der verschuldeten Eltern eine arme Adelige und ist seit 1816 (mit 28) in preußischem Staatsdienst, wird „Geheimer Regierungsrat". Danzig, Königsberg und Berlin sind Arbeits-Stationen seines Lebens, doch weiterhin schreibt und dichtet er. Kraft seiner Verse verklärt er seine Heimat und feiert sie: „Ich kann wohl manchmal singen, als ob ich fröhlich sei, doch heimlich Tränen dringen, da wird das Herz mir frei", offenbart er sein schlesisches Gemüt und überläßt sich auch der Wehmut und dem Heimweh, letztlich der Sehnsucht nach ewiger Heimat. Theaterstücke, Übersetzungen und Romane entstehen. Manche Demütigung für den aufrechten Katholiken in preußischem Staatsdienst! Schon 1844, 56 Jahre alt, geht er wegen Krankheit in den Ruhestand. 1856/57 ist Eichendorff Gast des Breslauer Fürstbischofs Heinrich Förster.

Während seines letzten Lebens-Jahrzehnts – der Dichter wird 69 – versiegen die Verse. Eine „Geschichte der poetischen Literatur" entsteht. Die begonnene Lebensgeschichte der schlesischen Landespatronin, der heiligen Hedwig, kann er nicht vollenden. Seine Leben ist von der Liebe zur Natur und zum einfachen Leben geprägt: „O Täler weit, o Höhen" formuliert der Sänger von Nachtigall und Lerche. Der damals üblichen Deutschtümelei verfällt er nicht, auch nicht dem Antisemitismus. Er ist ein echter Europäer, der das Miteinander betont. Die vielen Eichendorff-Denkmäler zeigen: Der Dichter trifft das Herz der Deutschen. *PWP*

Die göttliche Komödie – Dante Alighieri

Hochmittelalter. Italien. Von 1265-1321 lebt der größte Dichter Italiens, Dante Alighieri, und prägt eine ganze Epoche. Noch heute wird seine „Göttliche Komödie" auf der Bühne aufgeführt, ewige Wahrheiten andeutend. Zum ersten Mal schreibt ein Dichter ein ganzes Bühnenwerk auf Italienisch, nicht auf Latein. Latein bleibt aber weiterhin die Kirchensprache, doch Italienisch wird durch Dante zur Literatursprache.

Dante Alighieri gehört zum Adel und wird in Florenz geboren. Sein Urgroßvater kämpfte mit auf den Kreuzzügen, sein Vater betätigte sich unter anderem als Geldverleiher. Dantes Mutter stirbt früh, als er noch ein Kind ist, ebenso sein Vater. Dante selbst ist auch verheiratet, hat vier Kinder, doch seine Familie erwähnt er nie in seinen Werken. Schon früh entdeckt er sein Talent zum Dichten und pflegt die Freundschaft mit zeitgenössischen Literaten wie Guido Cavalcanti und Cino da Pistoia. Wahrscheinlich absolviert er das Studium Generale bei den Dominikanern und Franziskanern in Florenz.

Er kämpft mit in der Bürgerwehr der Guelfen, nimmt 1289/90 teil an der Schlacht bei Campaldino und gewinnt gegen die Ghibellinen. Beides sind Adelsgeschlechter, die um die Macht in Italien ringen. 1295 schreibt sich Dante in die Zunft der Apotheker und Ärzte in Florenz ein. Damit kann er sich auch um ein politisches Amt in der Stadt bewerben. Schon November 1295 ist er Mitglied im Stadtrat und seit 1296 auch im Rat der Hundert. Im Jahr 1300 ist er als Diplomat unterwegs nach San Gimignano, und 1301 ist er zusammen mit einer Gesandtschaft der Stadt auf dem Weg zu Papst Bonifatius VIII. in Rom.

Bald spitzt sich die politische Lage in Florenz dramatisch zu, denn der Machtstreit der Guelfen und Ghibellinen eskaliert. Spaltungen, Untergruppen und tumultartige Szenen machen eine klare Rekonstruktion der Ereignisse schwierig. Jedenfalls kommt es nach dem Besuch eines päpstlichen Legaten im Jahr 1300 zum Tumult in Florenz, so daß der Stadtrat unter Dantes Mitwirkung – entgegen dem ausdrücklichen Willen des Legaten – Rebellenführer sowohl der einen als auch der anderen Seite, darunter auch einen Freund Dantes – mit dem Bann belegt. Darauf verhängt Rom den Kirchenbann über Florenz.

Bonifatius VIII. sucht nun Hilfe bei dem Grafen Karl von Valois – dem späteren König von Frankreich – damit dieser als Friedensstifter in dem italienischen Adelsstreit fungiert. Auf der Seite der „Schwarzen" soll er die päpstliche Hoheit über Florenz wiederherstellen und die Toskana endgültig dem Kirchenstaat einverleiben. Am 1. November 1301 zieht nun der französische Graf Karl in Florenz ein und rächt sich an den „Weißen": Das Heer zerstört dabei auch Dantes Haus. Dante selbst muß eine Geldstrafe zahlen und wird von allen politischen Ämtern suspendiert. Da Dante flüchtet und das Geld nicht bezahlt, wird sein verbliebener Besitz konfisziert, er selbst wird verbannt. Das Urteil von 1302: Tod durch Verbrennung, sollte Dante – und 14 weitere Anhänger der „Weißen" – je wieder Florenz betreten. Dantes Gattin darf in der Stadt bleiben, während alle männlichen Söhne ab dem 13. Lebensjahr mit ins Exil gehen müssen. Die Städte Verona, Camina und Lunigiana sind bis

144

heute stolz darauf, den exilierten Dante in den Jahren 1303-1306 beherrbergt zu haben.

Dann die politische Wende im Jahr 1309: Heinrich VII. aus der Dynastie der Luxemburger wird in Aachen zum deutsch-römischen König gekrönt. 1310 reist er nach Italien. Er will die verfeindeten Städte in Italien befrieden und die Rechts-Autorität des *Heiligen Römischen Reiches deutscher Nationen* wiederherstellen. Dante begrüßt den hereinziehenden König enthusiastisch als Retter Italiens und des Weltkaisertums. Im Juni 1312 trifft Heinrich VII. in Rom ein, wo er vom Papst zum Kaiser gesalbt wird. Dante erhofft nun die Rückeroberung von Florenz und die Wiederherstellung des Friedens in seiner Heimatstadt durch den neuen Kaiser und schreibt ihm einen bis heute erhalten gebliebenen Brief – doch die militärischen Kapazitäten des Kaisers reichen für ein solches Unternehmen nicht aus, zumal Heinrich selbst in Zwist mit dem Papst und der Stadt Neapel geraten ist. Die Belagerung von Florenz durch den neuen Kaiser zwecks Wiederherstellung von Recht und Ordnung scheitert also. Im August 1313 stirbt dann auch noch der Kaiser und Hoffnungsträger Heinrich VII.. Dantes politische Hoffnungen sind zerstört.

Auch als Florenz nun dem exilierten Dante anbietet, gegen die Zahlung einer Geldbuße und öffentlicher Abbitte ihn wieder einzulassen, lehnt der Dichter und Politiker ab. Daraufhin wird sein Exil durch den Stadtrat erneuert. Es ist inzwischen das Jahr 1315. Er wird seine Vaterstadt nie wiedersehen und stirbt in Ravenna 1321.

Als Dichter jedoch wird Dante berühmt und geliebt. Theologie, Philosophie und Wissenschaft verknüpft er in seinen Werken in brillanter Weise. Gereift durch persönliches Leid und das Scheitern politischer Hoffnungen, entfaltet sich sein schriftstellerisches Talent im Sturm. Er kennt die Menschen mit ihren Stärken und Schwächen. Er ist Katholik und überzeugt vom ewigen Leben, welches JESUS CHRISTUS zusammen mit dem VATER und dem HEILIGEN GEIST uns Menschen auf ewig geschenkt hat. Seine „Göttliche Komödie" ist fromm. Aber auch voller Einsicht in die Geschehnisse und Verwirrungen der menschlichen Gesellschaft. Doch gibt es eine tragende Kraft, einen roten Faden, der alles zusammenhält: GOTT. Wir Menschen müssen uns nur in unsere Rolle fügen, welche der Schöpfer jedem einzelnen von uns zugedacht hat, und uns darin bewähren, um dereinst in den Himmel eingehen zu können. Die „Göttliche Komödie", eine Versdichtung, entsteht zwischen 1307-1320 im Exil.

Dante schildert darin als fiktiver Erzähler seine Reise durch die Hölle (Inferno) und durch das Fegfeuer (Purgatorio) bis ins Paradies (Paradiso). Er schreibt in der Ich-Form. Der Reisende wird begleitet von dem römischen Dichter Vergil, einem Heiden, und ab dem fünften Kreis des Läuterungsortes von dem Dichter Statius, der sich einst zum Christentum bekehrte. Vergil kann als Ungetaufter nicht in den Himmel eingehen, sondern er weilt bis zum Jüngsten Gericht – da er ein Gerechter und Tugendhafter ist – im Limbus, gemeinsam mit anderen Gerechten der Heidenwelt und des Islam. In Dantes Dichtung nun darf Vergil zeitweise den Limbus verlassen, um in der Eigenschaft des Reiseführers das lyrische Ich durch Hölle und Fegfeuer zu begleiten. Als Repräsentant der natürlichen Vernunft erläutert er Dante die Einteilungsprinzipien der Straf- und Bußbezirke.

146

Diese Vorstellung von den unterschiedlichen Orten von Belohnung und Bestrafung nach dem Tod entspricht der traditionellen katholischen Lehre: Es gibt sowohl im Himmel als auch in der Hölle unterschiedliche Grade der Glückseligkeit bzw. des Leidens – entsprechend der Sündhaftigkeit und der Reue-Bereitschaft des Einzelnen im Diesseits. Große leuchtende Heilige gibt es im Himmel, die sich voller Freude, Glauben und Hingabe bereits in dieser sündhaften Welt vollkommen in GOTT vertieft haben und mit IHM zusammen die Liebe GOTTES in der Welt ausstrahlten. Daneben aber Abstufungen an Glückseligkeit bei anderen, die – je nach Natur und gelebtem Glauben – angeordnet in neun konzentrischen Kreisen um den Thron GOTTES kreisen. Je heiliger der Mensch ist, desto näher steht er dem ewigen VATER.

Seine ihm zugedachte Rolle in dieser Welt muß jedoch jeder Mensch gut spielen: Der eine als Bäcker, der andere als Soldat, der dritte als Priester, der vierte als Ordensmann oder -frau. GOTT vergibt Talente, stellt jede Seele bei der Geburt in eine bestimmte Zeit, eine bestimmte Gesellschaftsschicht mit bestimmten Möglichkeiten. Darin muß sich jeder bewähren. Im Beruf und in der Frömmigkeit. GOTT will, daß jeder an dem von IHM ihm zugedachten Platz heilig wird. Die göttliche Komödie ist damit die dichterische Variante der Theologie der Scholastik, welche seit Thomas von Aquin das christliche Abendland prägt.

In den Bereich der dichterischen Romantik gehört dann das Ende der Reise Dantes durch das Jenseits, als er in den Himmel eintritt: Hier steht das Wiedersehen mit seiner Jugendliebe Beatrice im Mittelpunkt. Wenig von der eigentlichen GOTTES-Schau, die uns von JESUS CHRISTUS als das Ziel unseres Lebens verheißen wird. Beatrice

147

zeigt Dante die Schönheit der himmlischen Sphären und der göttlichen Ordnung. Ein reinigendes Bad wäscht die letzten Sünden ab. Wenig also von JESUS CHRISTUS als dem Ziel allen Seins, der als Weltenrichter in Barmherzigkeit und Gerechtigkeit auftreten wird. Schließlich findet Beatrice ihren ewigen Platz zu den Füßen der Mutter-GOTTES. Mit einem Blick Dantes auf Maria – die wiederum wie alle Heiligen zu GOTT schaut – endet das Werk Dantes.

Doch nicht nur die „Göttliche Komödie" schreibt Dante, auch an die 100 Gedichte, meist Liebes-Lyrik. Dann auch eine Biographie, die „Vita nova", im Wechsel von Vers und Prosa, etwas Neuartiges in dieser Zeit. Auch die Aufarbeitung persönlicher Träume, Erlebnisse und seiner idealisierten Jugendliebe zu Beatrice – sind ein Novum. Daneben 21 philosophische Handschriften: Hier setzt er sich ein für ein starkes Kaisertum, welches von GOTT dazu bestimmt ist, die politischen Angelegenheiten zu regeln, ohne päpstliche Einmischungen, während dem Papst die Leitung der Kirche und die Sorge für das Seelenheil und die Moral zukommt. Dies entspricht der bis heute gängigen Lehre des Papstes Gelasius von den zwei Schwertern, welche die Welt leiten: Papst und Kaiser.

So fügte der HERR-GOTT das Leben des verbannten und gescheiterten Politikers Dante Alighieri zum Guten. Im Exil entsteht meisterhafte Literatur. Bis heute ist er der meist kommentierte Dichter der Welt. Seine „Göttliche Komödie" hat bleibenden Wert bis heute   *SR.A.*

Tausenden gibt er die Lossprechung – Hl. Pater Leopold

Er ist 1,38m klein und kränklich. Doch wird er wegen seiner Milde zur Hoffnung für viele. Gegen seinen Willen wird er – und ist zufrieden – von Kroatien ins italienische Padua geschickt, wo er 33 Jahre lang Tausende mit GOTT versöhnt. Sein langer weißer Bart fällt über sein braunes Gewand, das mit einem Strick zusammengehalten ist, an dem sein Rosenkranz baumelt. Leopold Mandic (1867-1942) ist erst Österreicher im Viel-Völker-Staat, von Geburt Kroate, doch seit seinem 42. Lebensjahr lebt er in Padua.

Mit 16 schon ist er – mit Zustimmung seiner Eltern, der Jüngste unter 12 Geschwistern – bei den Kapuzinern eingetreten, denen mit der langen, spitzen Kapuze, barfuß in Sandalen, dem jüngsten der 3 franziskanischen Zweige (seit 1525), der in allem den armen Franz nachahmen will. „Bogdan", „Geschenk GOTTES", haben ihn die Eltern genannt, ihren Kleinen mit der leisen, lispelnden Stimme. Manche Bistümer hätten ihn damals wohl abgewiesen. Doch er ist bis zu seinem 42. Lebensjahr in seiner Heimat Kroatien als Seelsorger tätig. Vor allem sucht er Versöhnung mit orthodoxen Christen.

Pater Leopold wird in Padua als Beichtvater eingesetzt. Wer nie diese Arbeit getan hat, kann sich kaum die geistige Anstrengung vorstellen. Nie vergesse ich, welchen Schweiß ich als Kaplan in der Karwoche vergoß, da ich 36 Stunden im Beichtstuhl saß. Pater Leopold aber ist 33 Jahre lang täglich 15 Stunden gefordert. Wegen seiner Milde hat er großen Zulauf. Bei Vorwürfen wegen seiner Sanftmut weist er auf JESU Beispiel gegenüber Zöllnern und der Ehe-Brecherin hin. „GOTT zieht den Fehler, der demütig macht,

der stolzen Perfektion vor." Als sich ein aufgeregter Beicht-
williger in seinen abgewetzten Sessel setzt, kniet er daneben
nieder und hört die Beichte. Die winzige, fensterlose Beicht-
zelle (2m x 3m) ist sommers ein Brutkasten, winters ein Eis-
keller. Manchmal hat der begnadete Beichtvater auch Novizen zu unterrichten. Wie ein großes Kind verehrt er Maria.
In kleinen Pausen liest er theologische Fachliteratur.

Vor seinem Tod (mit 75) sagt der Minderbruder voraus:
„Unser Kloster wird durch einen Bomben-Einschlag zerstört." Das geschieht tatsächlich. Pater Leopolds Beichtstuhl aber, in dem er Jahrzehnte hindurch demütig Menschen auf dem Weg zu GOTT begleitet hat, bleibt
unversehrt erhalten. Singend begleiten die Mitbrüder Pater
Leopold beim Sterben. 1976 wird er selig-, 1983 heiliggesprochen. Noch 24 Jahre nach seinem Tod ist der Körper
des Beichtvaters unverwest. Er ist an einem Tumor an der
Speiseröhre verstorben. Wer Scheu vor der Beichte hat,
sollte Pater Leopold Mandic anrufen.   *PWP*

Die erste Frau mit Nobel-Preis: Marie Curie

Marya Skłodowska Curie ist Physikerin und Chemikerin:
Sie erforscht das Wesen und die Wirkungsweise radioakti-
ver Strahlen und bekommt als erste Frau der Weltgeschichte 1903 den Nobel-Preis verliehen. Und dies nicht
nur einmal, sondern gleich zweimal. Sie ist Polin, lebt und
arbeitet aber als Wissenschaftlerin in Frankreich.

1867 kommt sie in Warschau zur Welt. Sie besucht das
Gymnasium, legt das Abitur mit Bestnoten ab und würde

gerne studieren, doch Frauen sind in Polen noch nicht an der Universität zugelassen. Reine Männer-Domäne seit mehr als tausend Jahren. So geht sie 1891 nach Paris, um an der berühmten französischen Universität Sorbonne um Aufnahme zu bitten. Hier bekommt sie als eine von 120 Frauen Einlaß und studiert Mathe und Physik. Sie ändert ihren Namen und nennt sich von nun an Marie.

Schon vier Jahre später heiratet sie den Physiker Pierre Curie und untersucht seit 1897 mit ihm zusammen die Strahlung von Uranium-Salzen, welche Henri-Antoine Becquerel kürzlich entdeckt hat. Ihr Intellekt und ihr wissenschaftliches Streben sind gleich denen ihres Mannes. Trotz ihrer Schwangerschaft forscht sie unermüdlich weiter. Heinrich Hertz hatte 1888 die Existenz elektromagnetischer Wellen nachgewiesen, der Physiker Wilhelm Conrad Röntgen hatte 1895 die X-Strahlen (Röntgenstrahlen) an der Universität Würzburg entdeckt, und Henri-Antoine Becquerel hatte die natürliche Radioaktivität im Uran an der Pariser Sorbonne bemerkt. Doch steckt die Forschung noch in den Kinderschuhen, als Marie und Pierre Curie an der Sorbonne ihre Arbeit aufnehmen. Weder Atomkerne sind bekannt noch das Wort „Radioaktivität". Erst später wird der Begriff „Radioaktivität" auf Anregung Marie Curies hin gebräuchlich für Uran und andere Stoffe, die Strahlung aussenden. Heute weiß die Wissenschaft: Röntgenstrahlen sind elektro-magnetische Wellen mit Quanten-Energien oberhalb von 100eV, sie liegen im Energiebereich oberhalb ultravioletten Lichts und entstehen durch die Geschwindigkeits-Änderung geladener Teilchen. Anders die Gamma-Strahlung, die durch Kernreaktionen oder radioaktive Zerfälle entsteht. Aber allein das Mysterium von strahlenden Substanzen ist Marie Curie 1897 bekannt und will erforscht werden.

Das Ehepaar Curie fragt sich nun: „Gibt es ähnliche Substanzen wie Uran, die ähnliche Strahlen aussenden?" Sie finden tatsächlich eine ähnlich ausstrahlende Substanz: Pechblende, ein Salz. Jetzt ist die Frage: „Kann man die Strahlung absondern von der vorliegenden Materie?" 1898 der Durchbruch: Pierre und Marie gelingt es, ein stark ausstrahlendes Element abzusondern. Sie nennen es Polonium. Marie denkt dabei an ihre Heimat Polen, die sie auf diese Weise ehren möchte. Bald darauf entdecken die beiden ein weiteres strahlendes Element: Radium, das „Strahlende". Sowohl Radium als auch Polonium sind radioaktive Substanzen. 1903 dann der große Tag für das Forscher-Ehepaar: Zusammen mit Becquerel erhalten sie den Nobel-Preis für Physik.

Da die Curies bei ihren Forschungs-Arbeiten erkennen, daß Radium auch für medizinische Zwecke genutzt werden kann, erprobt Pierre Curie die Wirksamkeit der radioaktiven Strahlung in Selbstversuchen am eigenen Körper. Daher wird die Radium-Therapie heute auch Curie-Therapie genannt. Daß die radioaktiven Strahlungen schwerwiegende Veränderungen und auch Schäden am Körper hinterlassen, bleibt den Curies nicht verborgen. Pierre Curie hält eine Rede in Stockholm, in welcher er auch auf die einhergehenden Probleme mit dem neu-entdeckten Radium eingeht.

Die Ehe der Curies ist harmonisch. 1904 kommt die zweite Tochter zur Welt. Dennoch widmet Marie ihr Hauptaugenmerk der wissenschaftlichen Arbeit, die sie zum Wohle der Menschheit zusammen mit ihrem Ehemann täglich leistet. Auch als Pierre 1906 von einem Pferde-Fuhrwerk überrollt wird und stirbt, arbeitet Marie unermüdlich weiter. Sie stürzt sich buchstäblich in die

Wissenschaft. 1911 erhält sie den Nobel-Preis für Chemie für die Entdeckung der radioaktiven Substanzen Polonium und Radium.

Im Ersten Weltkrieg (1914-1918) hilft Marie Curie in verschiedenen Krankenhäusern mit, denn es herrscht Mangel an Pflegepersonal und auch an technischen Hilfsmitteln. Röntgen-Apparate sind Mangelware. Der Strom ist ständig unterbrochen. Marie Curie kommt auf die Idee, mobile Röntgen-Apparate zu entwickeln, mit denen Soldaten an der Front direkt vor Ort untersucht werden können. General Joffre genehmigt schließlich ihren Antrag. Begleitet von ihrer Tochter, fährt sie 1914 selbst mit an die Front, um verwundete Soldaten zu röntgen. Insgesamt 16 Fahrzeuge werden mit einem Röntgen-Apparat ausgestattet. 1916 macht Marie den Führerschein, um die Wagen selbst steuern zu können. Mit der Hilfe von Spenden baut sie in der Nachkriegs-Zeit über 200 Röntgen-Stationen auf und gibt zusammen mit ihrer Tochter Irene sechswöchige Intensiv-Kurse für Krankenschwestern, damit diese die neue Technik bedienen können.

Inzwischen wird Tochter Irene selbst begabte Physikerin, die ihrer Mutter Marie nach Kriegs-Ende in der Erforschung der Radioaktivität hilft. Jahrelang sind Mutter und Tochter dabei der lebensgefährlichen radioaktiven Strahlung ausgesetzt. 1934 stirbt Marie Curie an Strahlen-Vergiftung in Frankreich. Der Tribut für ihre Forschungs-Arbeit. Doch Tochter Irene setzt zusammen mit ihrem Ehemann Frédéric Joliot-Curie das Werk der Mutter fort. Aber auch sie werden an Strahlenvergiftung – bzw. der durch diese bedingte Leukämie – sterben. Frédéric Joliot-Curie hat jedoch noch Zeit, die Welt vor der Atombombe zu warnen: Als Hochkommissar der französischen Atombehörde warnt er in Stockholm vor dem Bau und Einsatz einer Atombombe. 500 Millionen Menschen unterschreiben seinen Appell.

Was für eine Persönlichkeit war Marie Curie? Wie ihre Eltern gehört sie zur Intelligentia der Gesellschaft. Sie ist klug, zielstrebig, ehrgeizig, vielseitig begabt mit schneller Auffassungsgabe. Da ihr Vater Mathe- und Physik-Lehrer und ihre Mutter Lehrerin und Schulleiterin in Warschau sind, gehören intellektuelle Gespräche und wissenschaftlicher Gedankenaustausch im Haus der Curies einfach dazu. 1868 wird auch der Vater zum stellvertretenden Schulleiter befördert. Doch das Leben in Polen ist schwer, und schon die kleine Marya lernt früh, standhaft zu bleiben und sich durchzusetzen. Die Russen halten Polen seit 1863 besetzt und verfolgen eine scharfe Russifizierungs-Politik. In Schulen darf nur noch Russisch gesprochen werden. Polnische Sprache und Geschichte werden nur noch heimlich im Untergrund gelehrt. 1873 erkrankt die Mutter an Tuberkulose, der Vater wird aus dem Schuldienst entlassen und gründet ein Pensionat für 10-11 Schüler.

Da Marya begabt und wißbegierig ist, sich aber als Frau nicht an der polnischen Universität einschreiben darf, bildet sie sich selbständig im Untergrund an der „Fliegenden Universität" weiter. Das nötige Geld verdient sie sich 1885 – ganz pragmatisch – als Hauslehrerin bei einer Anwaltsfamilie. In jeder freien Minute liest sie Physik- und Chemie-Bücher. Anatomie und Physiologie bringt sie sich selbst bei. Und sie gibt einem Dutzend Kindern aus Bauernfamilien nebenbei Unterricht im Lesen und Schreiben.

Religion ist kein großes Thema für die junge Frau. Sie ist katholisch getauft, doch ihr Streben gilt ständig der Verwirklichung ihrer wissenschaftlichen Begabung und ihres Intellekts. Als Teenager verliebt sie sich, doch scheitert eine Ehe am Widerstand der Familie des Freundes. Marie Curie ist so ganz anders als die andere große Frauengestalt des beginnenden 20. Jahrhunderts, die Philosophin und Frauenrechtlerin Edith Stein (*1891) aus Breslau, die ebenfalls hoch begabt ist, an die Universität drängt, doch dann im Glauben an JESUS CHRISTUS ihre wahre Heimat findet und ins Kloster eintritt. 1942 wird die Ordensfrau – wegen ihrer jüdischen Herkunft – im KZ Auschwitz-Birkenau von den Nazis ermordet und stirbt als „Engel von Auschwitz".

Maria Curie ist anders, sie hat ihr Leben ganz der Wissenschaft verschrieben. Innerhalb eines Jahres wird ihre Dissertation von 1903 – *Recherches sur les substances radioactives* – in fünf Sprachen übersetzt. Sie kennt die Größen ihrer Zeit persönlich: Albert Einstein ist 1913 bei ihr zu Besuch, und sie machen gemeinsam Urlaub im Schweizer Engadin. Zusammmen mit den Physikern und Chemikern Otto Hahn, Ernest Rutherford und Frederick Soddy ist sie auf dem „Kongreß für Radiologie und Elektrizität" in Brüssel und wird in die zehnköpfige „Internationale Radium-Standard-Kommission" gewählt, die wiederum den Namen „Curie" festlegt als neue Maßeinheit. Immer wieder wird Marie in der Folgezeit angefordert für Leitungs-Positionen, so z. B. für das „Radium Institut" in Paris 1914. Zahlreiche Ehrungen und Preise erhält sie Zeit ihres Lebens. Unter anderem den „Actonian Prize" der „Royal Institution of Great Britain" 1907, den „Ellen Richards Prize" in den USA 1921 und den „Grand Prix du Marquis d´Argenteuil" 1923 in Frankreich. Marie Curie ist Mitglied oder Ehrenmitglied zahlreicher wissenschaft-licher Gesellschaften und erhält die Ehrendoktor-Würde von den bedeutendsten Universitäten in der ganzen Welt.

Aber Marie Curie hat auch Feinde: Insbesonders Teile der Männerwelt können die Erfolge und das Wesen der moder-nen Frau nicht dulden. „Sind nicht Frauen geschaffen, um dem Mann zu dienen, Kinder zu erziehen, in der Kirche zu beten und die Berufswelt dem Mann zu überlassen?!" Denn: „Wo soll dieses aufstrebende Frauentum noch hin-führen?" So vollzieht sich eine Schlammschlacht in der Presse seit 1911 gegen die Wissenschaftlerin. Die französi-sche Zeitschrift „L'Action francaise" greift sie täglich aufs Schärfste an: „Eine Fremde, eine Intellektuelle, eine Emanze" sei sie, dazu noch mit jüdischem Blut in den Adern. Es kommt sogar zu mehreren Duellen zwischen verfeindeten Parteien. 1913 stimmt eine weitere Zeitung – L'OEvre – ein, nachdem sie herausgefunden hat, daß Marie mit zweitem Vornamen Salomea heißt: „Ist Madame Curie Jüdin?" und behauptete: „Ihr Vater ist in der Tat ein konvertierter Jude". Dann aber endet die Verleumdungs-Kampagne mit einem Vergleich.

Auch kochen die Gemüter hoch, als Marie und Pierre ihre Lehrtätigkeit an der Pariser Sorbonne nach der Verleihung des Nobel-Preises 1903 aufnehmen. So schrieb der „Les Dimanches" 1904: „Der Fall von Monsieur und Madame Curie, die auf dem Gebiet der Wissenschaft zusammenar-beiten, ist gewiß nicht das Übliche. Eine Idylle im Physik-labor, das hat die Welt noch nicht gesehen." Marie Curies Rolle bei der Erforschung des Radiums wurde wechsel-weise unterschätzt oder übertrieben und ihre polnische Herkunft gern übersehen. Doch die *Académie des Sciences* unterstützt Marie Curies Arbeit finanziell all die Jahre.

Von diesen Anfeindungen aber läßt sich die Wissenschaftlerin nicht beirren. Auch nicht von ihren gesundheitlichen Problemen und einer Fehlgeburt 1903. Sondern sie forscht und lehrt unermüdlich weiter: Ihr Leben gilt der Wissenschaft. Sie hat in dieser Welt erreicht, wonach sich viele Menschen sehnen, doch was ist mit ihrer Seele? Wenn sie ihre Talente und Erfolge, als von dem allmächtigen, guten GOTT geschenkt bekommen, angesehen und ihren Dank IHM zurückgeschenkt hat, dann ist sie auch vor GOTT groß. Und diese Größe ist wichtiger als alles andere, denn vor GOTTES Angesicht werden wir dereinst ewig sein.   *SR.A.*

Was wäre Deutschland ohne den „alten Fritz"? – Friedrich der Große

Der „junge Fritz" wird streng erzogen. Friedrich I., sein Vater, spart nicht mit körperlichen und seelischen Demütigungen. So ist z.B. heimliches Flötenspiel verboten. Freizeit nicht vor 17 Uhr. In späteren Jahren hält Friedrich II. sich schadlos, indem er eine Symphonie und den Hohenfriedberger Marsch komponiert. In der Jugendzeit aber Drill wie in ganz Preußen. Kein Wunder, daß der junge Kronprinz, als er 18 ist, versucht zu entkommen, und zwar zusammen mit seinem Freund Leutnant Hans Hermann von Katte (26). Doch auf der Flucht nach England werden beide eingefangen. Friedrich wird ein Jahr lang in der Festung Küstrin eingesperrt. Obendrein muß er zuschauen, wie sein Freund hingerichtet wird. Ohnmächtig fällt der Prinz zu Boden. Ähnlich wird er selbst als Friedrich II. (1712-1786) in seinen Kriegen leichtfertig mit Tausenden Menschenleben umgehen.

1733, mit 21 Jahren, heiratet der zukünftige König. Die Ehe bleibt kinderlos. Fünf Jahre später beginnt seine Brieffreundschaft mit Voltaire, einem erbitterten Feind der Kirche, der 1750/53 am Hofe Friedrichs lebt. 28 Jahre alt (1740) wird Friedrich II. König. Eine seiner ersten Amtshandlungen ist es, die Folter abzuschaffen. Sich selbst sieht er „als ersten Diener des Staates“: „Lieber lasse ich 20 Schuldige freisprechen, als auch nur einen Unschuldigen zu opfern.“ Im selben Jahr beginnt er den Bau von Schloß Sanssouci in Potsdam, beginnt aber auch den ersten der 3 Schlesischen Kriege (1740-42, 44/45 und 56-63 den 7jährigen Krieg). Österreich ist wegen der Türkenkriege in Schlesien militärisch kaum präsent, so daß der erste Raubzug ein Spaziergang ist. Noch im Jahr zuvor hat sich der zukünftige König im „Anti-Machiavell“ als Friedensfürst vorgestellt. Damals zählt Preußen 4 Millionen Einwohner, Schlesien 2,5 Millionen. Doch Schlesien bringt jährlich 800.000 Taler Steuern auf, die der Eroberer jetzt für sich kassiert.

Warum spricht man nach dem 2. Schlesischen Krieg von Friedrich dem Großen? Sein persönlicher Einsatz, seine Verwegenheit, seine Offenheit („Jeder soll nach seiner Facon selig werden!“) begeistern. Jeder Bürger darf dem König schreiben. Seine Eroberungs-Sucht gesteht der König selber ein: „Die Genugtuung, meinen Namen in den Zeitungen und später in der Geschichte zu wissen, hat mich verführt.“ 1741 nennt er als Kriegsgrund: „Der Besitz schlagfertiger Truppen, eines wohlgefüllten Staatsschatzes und eines lebhaften Temperaments: Das waren die Gründe, die mich zum Kriege bewogen.“ Friedrich überfällt nicht nur ohne Kriegserklärung, sondern bricht auch wiederholt Verträge. Er selbst nennt seine Machtpolitik ein „abscheuliches Handwerk“.

158

Ständig läßt Friedrich Truppen-Ersatz „ausheben", gliedert z.B. gefangene Sachsen einfach in seine Armee ein – viele desertieren bei passender Gelegenheit. Bei den straffen Kommandos ist an Meuterei nicht zu denken. Militärpflicht existiert nur für niedere und ländliche Schichten. „Der friedliche Bürger soll gar nicht merken, wenn die Nation sich schlägt." Doch der merkt es, denn die Steuerschraube zieht an. Der Wagehals erklärt nach einer seiner Niederlagen: „Ich werde keine Katze mehr angreifen." Schnell vergißt er sein eigenes Wort.

Kirchen sieht Friedrich als Werkzeug der Volkserziehung. 1748 läßt der Protestant den katholischen St.Hedwigs-Dom in Berlin bauen. Flüchtlinge, gleich welcher Konfession, finden in Preußen Zuflucht. Zugleich wirkt er wie ein Chef seiner Landeskirche. Dem Papst zwingt er den Grafen Schaffgotsch als Erzbischof von Breslau auf. Doch als dieser nicht untertänig genug ist, muß er außer Landes gehen. Schon als Kronprinz, 1738, läßt sich Friedrich in Braunschweig in die Loge aufnehmen, und zwar nachts bei verschlossenen Türen aus Furcht vor seinem Vater. Als König fördert er das Freimaurertum und läßt in Berlin die 1. Loge gründen, deren Großmeister er wird. Als Papst Clemens XII. 1773 den Jesuiten-Orden aufhebt, läßt Friedrich die Patres weiter als Erzieher und Lehrer wirken unter staatlicher Schulaufsicht. Ein Kaplan stirbt als Martyrer des Beichtgeheimnisses.

1757. Friedrichs Mut bewirkt Bewunderung. Er überwintert in Dresden. Seine Geheim-Instruktion: „Wenn ich getötet werde, müssen alle Dinge ohne Änderung weitergehen und ohne Rücksicht darauf, daß sie in andere Hände übergegangen sind. Wenn ich gefangen werde, darf keine Rücksicht auf meine Person und auf meine Äußerungen in der Gefangenschaft genommen werden." 1757. Friedrich wird vom Reichstag zu Regensburg geächtet und der „Reichskrieg" gegen ihn ausgerufen. Durch äußere Umstände überlebt der „alte Fritz". 1758. England hilft Preußen jährlich mit 4 Millionen Talern. Doch Rußland erobert Ostpreußen. 1759. Friedrich denkt sogar an Selbstmord, ist tagelang verzweifelt, gibt zeitweise den Oberbefehl ab. Das preußische Heer wird mit ausländischen Söldnern und bürgerlichen Offizieren notdürftig aufgefüllt. 1761. Friedrich ist im Lager zeitweise von Aushungerung bedroht und hofft auf einen Angriff der Türken gegen Österreich. 1762 ist er gerettet. Zarin Elisabeth stirbt, und der neue Zar, Peter III., ein Bewunderer Friedrichs, schließt einen Sonderfrieden. Russische Truppen werden zurückgezogen. Preußen überlebt. 1764. Friedrich gibt bei der Kaiserwahl seine Stimme den Habsburgern, den Österreichern. Doch von deutscher Dichtung hält Friedrich nicht viel, obwohl er selbst schreibt. Nur von Johann Fürchtegott Gellert läßt er sich deutsche Verse aufsagen. Sonst zieht er Franzosen vor. Selbst Lessing hat keine Chance, angestellt zu werden.

Die todesmutige Disziplin – oder der Drill – im preußischen Heer hält Friedrichs Pläne aufrecht. Um der Ordnung willen, so denkt der König, muß der Herrscher der Steuermann sein. Er gibt das „Allgemeine Preußische Landrecht" in Auftrag, doch erst 1794 ist es fertiggestellt, so schwierig ist es, das Recht zu vereinheitlichen. Als staatstragend gilt der Adel zu Friedrichs Zeiten. Er hat Steuerfreiheit und ist allein für höhere Beamten- und Offiziersstellen vorgesehen. Bewundert wird Friedrich auch, weil er das Steuergeld nicht verpraßt wir andere Fürsten. Er allein übersieht alle Finanzen und verhindert Minister-Beratungen darüber. Er stellt den Staatshaushalt zusammen. In Notzeiten läßt er Münzen verschlechtern und

160

durch jüdische Hausierer in Umlauf bringen. Geht es dem Staat wieder besser, kauft Friedrich die schlechteren Münzen zurück.

Der König zieht alle Register. Soldaten in Kasernen müssen bei der Herstellung von Wolle helfen. Staatlich wird Kartoffel-Anbau verordnet. Maulbeer-Bäume werden angepflanzt, um Seidenraupen zu züchten. 1766 werden Luxussteuern auf Branntwein, Fleisch und Gewürze erhoben. Dafür sind amtlich bestellte Schnüffler unterwegs, die auch Kaffee mit kontrollieren. Steuer-Einnahmen werden an eine französische Gesellschaft verpachtet, die Erfolgs-Prämien erhält. Die kleinen Leute begehren auf. Die „Bank von Berlin" zu begründen, gelingt nicht. 1766 kommt die allgemeine Schulpflicht. 900 Kolonisten-Dörfer entstehen neu. Jeder Vierte in Preußen ist ein Einwanderer. Durch Getreide-Magazine und Einkauf in Polen bleibt der Preis für Brot stabil. Ab 1777 sind die Bauernhöfe in Erbbesitz, doch die Leibeigenschaft kann Friedrich noch nicht beseitigen. 1786 gehen von 20 Millionen Talern Staatseinnahmen 13 Millionen an das Heer.
In seinen letzten Lebensjahren ist der „alte Fritz" († 1786) recht einsam. Preußen aber, damals die Grundlage für den Zusammenschluß vieler deutscher Kleinstaaten, blüht auf.
PWP

161

Für die Kranken gibt sie alles – Florence Nightingale

Heute noch erinnert jede Krankenschwester daran, daß einst vor allem Ordensfrauen an Krankenbetten dienten. Der Brauch, sie als Schwester mit ihrem Vornamen anzusprechen, ist auf alle Krankenschwestern übertragen. So vertraut sich der Kranke leichter den Schwestern an. Anders z.B. in England, wo die Tradition der Pflege-Orden in der Reformationszeit gewaltsam abgebrochen wird. Dort ist es Florence Nightingale (1820-1919), welche die moderne Krankenpflege begründet: Mit weltlichem Pflegepersonal und staatlich organisiert. Dadurch wird sie zum Vorläufer des Schweizer Henry Dunant. Nach der Schlacht von Solferino (1859) nimmt er sich der Verwundeten an und gründet das Rote Kreuz.

Eine vornehme Familie, die Nightingales in Südengland! Sie fahren sechsspännig! Die jüngere der beiden Töchter rufen sie Flo nach ihrer Geburtsstadt Florenz. Vater selbst unterrichtet beide in 5 Sprachen, darunter auch in Deutsch. Mit ihrer Mutter besucht sie Kranke in umliegenden Dörfern. Mit 17 meint Flo, die Stimme GOTTES zu hören. In ihr Tagebuch schreibt sie: „ER beruft mich in Seinen Dienst." Mehrmals passiert ihr das in ihrem Leben. Doch wiederholt vergißt sie darauf, läßt sich als Party-Königin bewundern und umschwärmen, reitet und reist viel mit ihren Eltern. Erst die 22jährige junge Dame bemerkt bettelarme Landarbeiter, beschafft ihnen Essen, Kleidung, Medikamente. Als Florence Nightingale 24 ist, erkennt sie deutlicher ihre Berufung, Kranken zu helfen. Viermal ist sie an einem Sterbebett, einmal bei einer schweren Geburt. Als aber ihre Eltern hören, sie wolle einen protestantischen Schwesternorden nach dem Vorbild von Katholikinnen gründen, sind sie entsetzt. Damals (1844) widmen sich manche britischen Frauen abwechselnd der Kranken-pflege, notfalls dem Alkohol und der Prostitution.

Nachts studiert Florence heimlich Gesundheitslehre. Durch den preußischen Gesandten erhält sie Berichte von den Kaiserswerther Diakonissen. Während eines Rom-Aufenthalts sucht sie fast täglich die Herz-JESU-Schwestern auf und nimmt sogar an 10tägigen Exerzitien teil, an Besinnungstagen voller Schweigen. Eine anschließende Ägypten-Reise öffnet ihr auf Sklavenmärkten Augen und Herz. In Alexandrien erlebt sie 19 Vinzentinerinnen in deren Krankenhaus und notiert in ihrem Tagebuch: „Sie schienen die Arbeit von 90 zu machen." Trotz aller elterlichen Proteste – Florence wird fast depressiv – darf sie längere Zeit hindurch bei den Diakonissen in Kaiserswerth Erfahrungen sammeln. Doch niemand aus der feinen Gesellschaft darf das wissen. Sie lernt, Wunden zu versorgen, Medikamente herzustellen und ist auch OP-Helferin. Bei Vinzentinerinnen in Paris setzt sie ihre Ausbildung fort.

Im Osten Londons lernt sie den späteren Kardinal Manning kennen, was zu ihrem Buch „Für Wahrheitssucher unter Arbeitern" führt. Darin heißt es: Es macht keinen Sinn um Schutz vor der Pest zu beten, solange man Kloaken in die Themse laufen lasse. Erst 33 Jahre alt, wird der Idealistin ohne Bezahlung der Oberinnen-Posten in Londons Harley-Street-Hospital (27 Betten) angeboten. Dort greift sie durch: Heißwasser-Leitungen in alle Stockwerke – Speise-Aufzüge – Läutewerk mit Zimmernummern. Streit kommt auf, weil sie nicht nur Anglikanerinnen, sondern Angehörige aller Konfessionen aufnimmt und jeden Geistlichen für Krankenbesuche zuläßt. Im Jahr darauf betreut sie Kranke während einer Cholera-Epidemie.

Da bricht der 1. Krimkrieg aus (1853-1856). England und Frankreich wehren Rußland ab, das Konstantinopel erobern will. Als die „Times" berichtet, französische Verwundete seien durch Ordensfrauen besser versorgt, ist Englands Nationalstolz getroffen. Da bittet der Kriegsminister die ihm bekannte Florence Nightingale, eine Schwesterngruppe zu bilden, um britische Lazarette in der Türkei zu versorgen. Binnen 4 Tagen hat die Oberin 38 Frauen um sich versammelt, unter ihnen 8 anglikanische und 10 katholische Ordensschwestern. Schwierig wird das Miteinander von Ladys, Nonnen und trunkfesten Pflegerinnen. Ungehorsame schickt Nightingale zurück. Obendrein landen die Frauen in einer baufälligen Kaserne, vollgestopft mit Verwundeten, einfach auf den Fußboden gelegt. Am Bosporus ist die Hölle los. Doch in der Kaserne sterben mehr als auf dem Schlachtfeld. Ratten! Ungeziefer! Es fehlt an allem, sogar an Strohsäcken, Kissen, Decken, Geschirr und Verbandszeug. Grund: Beschaffungs-Bürokratie. „Kommiß-Köppe" lassen die Frauen nicht an die Soldaten heran, weil das in England beim Militär nicht üblich ist. Hunderte sterben unversorgt. Die Not wird in England bekannt, und die „Times" sammelt Spenden, über die Nightingale verfügen darf. Schließlich darf die diplomatische Oberin die Küche übernehmen, dann die Wäscherei, später das Saubermachen – doch ohne die Kloaken.

Da läßt Florence auf eigene Kosten Platz schaffen für weitere Betten in diesem 2.500-Mann-Hospital. Die Soldaten verehren „ihre Oberin". Sie beschafft Hemden, Socken, Trinkbecher, baut eine Wäscherei auf, läßt alle Stationen heizen und kauft Gemüse, Spiele, Fußbälle, Bücher, Musik, Theater und vermittelt Bank-Überweisungen an Angehörige in England. Einige tausend Verwundete begleitet sie beim Sterben, schreibt bei Kerzenlicht an die Angehörigen und Ministerien. Seuchen! Kampf um Ent-

164

lausung und Nachtgeschirr. Sie wird Großeinkäuferin auf den Basaren von Istanbul.

Nach Ende des Krieges soll ein Kriegsschiff die lebensgefährlich Erkrankte feierlich heimholen zu Truppenparaden – doch sie kehrt heimlich zurück, zuerst ins Kloster der Herz-JESU-Schwestern, um GOTT zu danken. Weder Vorträge hält sie, fast so bekannt wie Königin Victoria, noch empfängt sie hochrangige Besucher, nur mehrmals die Königin. Nightingale sorgt sich nun um Heimat-Lazarette, veröffentlicht Schriften für Pflegerinnen, berät Franzosen und Deutsche, läßt Truppenärzte ausbilden und spornt ihre Schülerinnen an, inmitten karitativer Arbeit in GOTTES Gegenwart zu leben. Florence liest Teresa von Avila, Johannes vom Kreuz, Franziska von Chantal. Sie schreibt: „Religion ist nicht Andacht, sondern Arbeiten und Leiden aus Liebe zu GOTT." Ihr Buch über Mystiker wird nie fertig, doch sie lebt es. Ihre Hilfs-Vorschläge erreichen selbst britische Soldaten in Indien und dort auch die arme Zivil-Bevölkerung. Kräftemäßig hat sich Florence Nightingale wohl übernommen. Mit 81 (1901) ist sie blind und oft geistig abwesend. Doch lehnt sie ab, ein National-Begräbnis in Westminster Abbey zu erhalten und läßt sich 1910 im Familiengrab beisetzen, heimgehend zu dem, dem sie ihr Leben lang in den Leidenden gedient hat. *PWP*

GOTTES Spur in der Welt – Philosoph Robert Spaemann

„Der Sohn vom Kaplan" heißt er im westfälischen Dorsten. Dort wirkt sein Vater, ein Konvertit und Witwer, der Priester wird. Sohn Robert (1927-2018) hat die Professur für Philosophie erst in Stuttgart, dann in Heidelberg, zuletzt in München. Viermal wird ihm die Würde eines Ehrendoktors zuteil. Sein Denken kreist um die Würde des Menschen als Person und um das Bewahren der Schöpfung. Immer neu leuchtet in seinen zahlreichen Werken auf: Glaube und Vernunft sind vereinbar, es ist vernünftig zu glauben. Die Spur GOTTES in der Welt ist der Mensch als Sein Ebenbild. Deshalb lehnt der Philosoph jegliche Relativierung des Rechts auf Leben ab. Kein Wunder, daß Professor Spaemann ein enger Berater von Johannes Paul II. und Benedikt XVI. wird.

„Wenn es überhaupt so etwas wie Rechte der Person geben soll, kann es sie nur geben unter der Voraussetzung, daß niemand befugt ist, darüber zu urteilen, wer Subjekt solcher Rechte ist", formuliert der Professor gemeinsam mit Verfassungsrichter Ernst-Wolfgang Böckenförde. Für die Zeit der Aufklärung ist selbstverständlich, daß „Menschen vor ihrer Geburt Personen-Rechte" haben. Menschenwürde kommt der Person nicht zu unter Voraussetzung bestimmter Eigenschaften, z.B. des Selbstbewußtseins, sondern allein aufgrund ihrer biologischen Zugehörigkeit zur Spezies Mensch. Spaemann hat keine Berührungs-Ängste. Auf Einladung der Bundestags-Fraktion der Grünen referiert er zur Debatte um die Stammzellen-Forschung. Die Auseinandersetzung um Abtreibung/ Euthanasie hebt er auf die grundsätzliche Ebene, nicht auf eine pragmatische.

166

Für Spaemann ist das Naturrecht aktuell. „Gäbe es kein von Natur Rechtes, so ließe sich über Fragen der Gerechtigkeit gar nicht sinnvoll streiten." Diese Denkweise sei nicht für jedermann offensichtlich, sondern „daß in der Richtung, die dieser Name bezeichnet, sinnvollerweise etwas zu suchen sei."

1978 gehört Spaemann, der verheiratet ist und Kinder hat, zu den Veranstaltern des Kongresses „Mut zur Erziehung". Er wendet sich gegen emanzipatorische Bildungs-Experimente mit Kindern. Das Kind müsse zunächst aus „seiner subjektiven Empfindungswelt behutsam und zielstrebig an die Realität" geführt werden. Entscheidend sei, daß „die Wirklichkeit zunächst als hilfreich und freundlich erfahren" werde. Die Stiftung dieser Grund-Erfahrung – die Psychologie spricht vom Urvertrauen – sei das Wichtigste, „was Erziehung überhaupt zu leisten vermag". Denn wer sich an seine Kindheit als eine „heile Welt" erinnern könne, werde „leichter mit der unheilen fertig".

1980 wendet er sich gegen die Flut von Tier-Versuchen: „Was heute an Millionen Versuchstieren geschieht, muß aus dem einzigen Grund verboten werden, weil es mit der Selbstachtung einer menschlichen Rechtsgemeinschaft unvereinbar ist." Als Spaemann wegen Homosexualität befragt wird, verschanzt er sich nicht hinter Bibelworten: „Unter meinen guten Freunden sind mehrere Homosexuelle. Mit denen bin ich darin einig, daß die Abwesenheit der Anziehungskraft des anderen Geschlechts ein anthropologisches Manko ist."

Das II. Vatikanische Konzil (1962-1965) hat aus Spaemanns Sicht eine „Epoche des Niedergangs" der katholischen Kirche eingeleitet. „Das Konzil hat die Katholiken

lasch gemacht. Es ist alles so welk geworden." Das Konzil
habe zu einer „Anpassung" der Kirche an die säkulare Welt
geführt, ein überzogenes Harmoniestreben. Das Wort
„Feind" sei bereits anstößig. „Für sogenannte fortschrittli-
che Katholiken gibt es eigentlich nur noch ein Feindbild:
die Traditionalisten." (Der Professor feiert das Meßopfer
mit bei der traditionellen Petrus-Bruderschaft.) Die Kirchenversammlung habe den Zölibat vehement verteidigt
und Latein als die eigentliche Liturgiesprache der westlichen Kirche bestätigt. „Das Gefühl des Chaos wird man
nicht ganz los" äußert er zur jetzigen Amtsführung des
Papstes. Einerseits warne der Papst vor dem Teufel, andererseits trete er autoritär auf. Die Kirche hat „keine Voll-
macht, ohne vorherige Umkehr ungeordnete sexuelle
Beziehungen durch die Spendung von Sakramenten positiv zu sanktionieren und damit der Barmherzigkeit GOT-
TES vorzugreifen." Wie beim Frauenpriestertum sei diese
Tür verschlossen.

Spaemann sieht eine „Verunsicherung und Verwirrung
von den Bischofskonferenzen bis zum kleinsten Pfarrer im
Urwald." Durch mangelnde Eindeutigkeit im Bereich
Glaube und Moral sei mit einem „Säkularisierungsschub
und Rückgang der Priesterzahlen in weiten Teilen der
Welt" zu rechnen. „Falls der Papst nicht dazu bereit sei,
Korrekturen vorzunehmen, bleibe es einem späteren Pontifikat vorbehalten, die Dinge offiziell wieder ins Lot zu
bringen." 2017 spricht Spaemann sogar von einer Spaltung
der Kirche: Die Priester seien alleine gelassen. Schon 2007
schreibt der Standhafte – gemeinsam mit Georg Muscha-
lek – die Schrift: „Der Widerstand gegen die alte Messe".

Dieser bedeutendste katholische Philosoph unserer Zeit
scheut auch nicht davor zurück, sich handfest einzumi-

schen. Zur Dialog-Bereitschaft äußert er: Die Reformation zeige, Dialog führt noch nicht zum Frieden. 2006 unterzeichnet er den „Appell für die Pressefreiheit" gegen den Ausschluß der *Jungen Freiheit* von der Leipziger Buchmesse und begründet: Die Rechte der Bürger seien unabhängig von ihren weltanschaulichen Auffassungen anzuerkennen, solange die Bürger den Gesetzen gehorchen. Die EU solle Gemeinschaften mit gemeinsamen Wertschätzungen schützen und selbst darauf verzichten, eine Wertegemeinschaft zu sein. – Klar auch Spaemanns Schrift von 2011: „Nach uns die Kernschmelze. Hybris im atomaren Zeitalter". Doch vor allem kreist sein Leben um GOTT. Dies bedürfe auch der Vernunft. Ein achtungswürdiger Mensch habe den Wunsch zu danken, wenn es einen Adressaten dafür gibt.

Viele Worte in Spaemanns Schriften lassen aufhorchen: „Die Wahrheit spricht mit leiser Stimme." – „Jeder Mensch ist selbst der Beweis, daß es eine absolute Wahrheit gibt – diese lautet: Ich bin." – „Gewissen ist der Ruf zur Aufmerksamkeit. Gut kann nur ein Wille heißen, der sich vom Gewissen nötigen läßt, die ganze Wahrheit seiner Handlung ins Auge zu fassen."   *PWP*

Umkämpfte Schul- und Ordensgründerin Mary Ward

1587. Elizabeth I. von England, eine Tochter Heinrichs VIII., läßt ihre schottische Nichte Maria Stuart, mutmaßliche Nachfolgerin, hinrichten. Denn die anglikanische Elizabeth wütet gegen katholische Untertanen. 189 Martyrer zählt man offiziell, dazu Hunderte Unbekannte und Tausende, die in Gefängnissen schmachten. Schon der Besitz eines Rosenkranzes kann zur Beschlagnahmung des Vermögens führen oder zu „lebenslänglich". Ertappte Priester kommen an den Galgen. Ihre Köpfe werden an der London-Brücke ausgestellt. Wer den anglikanischen Gottesdienst nicht besucht, zahlt 20 Pfund Strafe monatlich. Der Denunziant erhält ein Drittel davon. Nächtliche Hausdurchsuchungen. Dennoch: Täglich heimliche Meßfeiern. Noch um 1600 trotzt jeder 3. Engländer den Religionsgesetzen.

In dieser Verfolgungszeit wird Mary Ward (1585-1645) geboren. „Meine Eltern leiden viel für die katholische Sache", schreibt sie. Fünf Jahre lang wohnt Mary bei ihrer Großmutter, die 14 Jahre lang im Gefängnis war. Wenn ein Edelmann – Marys Eltern sind reich – um ihre Hand anhält – sie aber will in den strengsten Orden – sucht sie, ihn stärker zur Kirche zurückzuführen. Der Vater verbietet ihr, England zu verlassen. In London bedrängt sie ihr Seelenführer, einen bestimmten Grafen zu heiraten, damit dessen Grafschaft nicht in anglikanische Hände übergeht. Mary bleibt bei ihrem Nein, bevor sie unter falschem Namen auf einem Schiff flüchtet. Ein Kloster in Flandern schickt sie ein Jahr lang auf Betteltour, und sie wird krank, wie so oft in ihrem Leben.

Mary zieht weiter und gründet mit 5 Engländerinnen selbst ein Anbetungs-Kloster, das auf 12 Karmelitinnen anwächst – bis sie erkennt, daß dies nicht ihr Weg ist. Zurück nach London, um, als normale Bürgerin getarnt, zu missionieren: Sie vermittelt geheime Beichtväter, überreicht Glaubens-Broschüren, gewinnt Mitarbeiterinnen. Sogar zwei Geistliche holt sie zur Kirche zurück. Nachts betet sie. Überall lauern Spione.

1609 verläßt Mary England mit 5 Gefährtinnen. Zwei Jahre später sind sie in Flandern 50 Frauen in langen Kleidern mit Schleier. Sie unterrichten einheimische Mädchen, beten oft gemeinsam und begnügen sich täglich mit einer Mahlzeit. Noch haben sie keine Ordensregel. Mary wird von einer Seuche angesteckt, erhält todkrank die Letzte Ölung, erholt sich wieder und will nun die Regel der Gesellschaft JESU. Allgemeiner Widerstand. Eine Frau an der Spitze? Mary verteidigt sich glänzend. 1611 gründet sie die Missionsschwestern in London. Sie gehen in Zivil. Sie verstecken bei sich verkleidete Priester. Mehrmals reist Mary nach England zu ihrer Tochter-Gründung.

In Flandern stößt das „Institut der englischen Fräulein", die nach der Jesuiten-Regel leben wollen, auf Widerstand. Die neue, ungewohnte Gemeinschaft gibt „Ärgernis". Ihre Gründerin geht nach Rom. Doch weil ihre Schwestern um der Seelsorge willen keine Klausur wollen, müssen sie Rom verlassen. In Deutschland tobt der Dreißigjährige Krieg (1618-1648). Kurfürst Maximilian I. hilft, 1627 ein Kloster und eine Mädchenschule in München einzurichten. 1631: Papst Urban hebt die Vereinigung auf. Maria wird als Ketzerin 9 Wochen lang eingesperrt – doch dann freigesprochen. Die Vereinigung bleibt aufgelöst. Doch der Kurfürst genehmigt 1635 die Mädchenschule offiziell.

Wieder in England. Mary Ward wird verhaftet und zum Tode verurteilt, zu lebenslänglich begnadigt und kommt überraschend frei. Einer Schwester schreibt sie: „Fürchte nur eins: Zuviel Furcht zu haben. Es geht um GOTTES Ehre!" Die Unentwegte gründet in Lüttich, Köln und Trier und übersteht schmerzlich den Austritt ihrer leiblichen Schwester. Im Winter 1621 läuft sie zu Fuß zwei Monate lang bis nach Rom. Dabei nimmt sie den weiten Umweg über Loreto, wohin auf wunderbare Weise das Haus der Heiligen Familie von Nazareth gekommen ist. In Rom erlaubt Papst Gregor XV. Schulgründungen, ebenso in Neapel und Perugia. Doch englische Geistliche bekämpfen ihre Gründungen. Andere Orden bangen um den eigenen Nachwuchs. Mary Ward spricht selbst mit vier Kardinälen, die gegen ihre Pläne sind. Die Schule in Rom wird geschlossen – ohne Begründung. Mary Ward vertraut unentwegt weiter auf die göttliche Vorsehung.

Da werden die „Jesuitinnen" eingeladen, in Wien eine Schule zu gründen. 1628 erklärt der Nuntius in Brüssel: Diese Schwestern füllen eine längst erkannte Lücke aus. – Dennoch sagt Rom: Der Ordens-Versuch ist zu beenden. Obwohl die Ärzte Maria Wards Leben längst aufgegeben haben, schleppt sie sich, krank und im Winter, erneut nach Rom. Doch auch Neapels Mädchenschule wird aufgehoben. Die Antwort der Gründerin: Sie fordert die Ihren zum Gehorsam gegenüber dem Papst auf. Dennoch wird sie als Ketzerin in einem finsteren Zimmer von Anger eingesperrt. Auf das Packpapier von Lebensmitteln schreibt sie mit Zitronensaft an Ihre Schwestern. Die Schrift wird erst am Ofen sichtbar.

Ihre Bittschriften haben Erfolg. Der Papst wußte nicht von ihrer Neun-Wochen-Haft. Doch nur ein kleiner Rest von Schwestern ist ihr geblieben. Sie zieht erneut nach

Rom, und ihre Schuldlosigkeit wird festgestellt. Der Papst schickt ihr seinen Leibarzt, Medikamente und Wein und verleiht ihr, nahe dem Tod, eine Pension. Als sie, kaum genesen, sich 1637 von ihm verabschiedet, erklärt er: „Wir halten Sie für eine heilige und große Dienerin GOTTES."

1637. Ihre letzten 6 Erdenjahre verbringt sie im gefährlichen England. Noch im Sterben (1645) singt sie. 1703 erklärt der Papst: „Laßt Frauen von Frauen regiert sein" und erkennt die neue Kongregation an. 1877 wird das Institut päpstlich bestätigt. 1909: Mary Ward darf als Stifterin genannt werden. 1978: Die Ordensregel des heiligen Ignatius wird, angepaßt an Frauen, übernommen. Der irische und nordamerikanische Zweig nennen sich Loretoschwestern. Seit 2004 heißt der römische Zweig offiziell Congregatio JESU (CJ). Zahlreich deutsche Schulen tragen den Namen Maria Ward. 2009 wird die Gründerin zur „ehrwürdigen Dienerin GOTTES" ernannt, eine wichtige Etappe im Seligsprechungs-Prozeß. Bis heute ist die Mary-Ward-Bewegung Satan ein Dorn im Auge. Der übernatürliche Kampf und die Weiterführung der „Jesuitinnen" zeigen, daß die Waffe des Betens und Opferns und der Tapferkeit immer neu eingesetzt werden muß.   *SR.A.*

Ein ungewöhnlicher Belgier –
Damian de Veuster

Der Mann erschüttert mich heute noch, der sich, 23 Jahre alt, für immer aussenden läßt, und schließlich Vater von 600 Lepra-Kranken auf einem abgeschotteten Teil der Insel Molokai wird, heute zum US-Bundesstaat Hawaii gehörend. Und ich muß an diesen Damian de Veuster (1840-1889) denken, als mich die „Dienerinnen der Armen" im südindischen Kerala zu einer Lepra-Kolonie bei Cannanore mitnehmen, wo an einem Bahndamm etwa 50 Lepra-Familien hausen. Kuttapan hält mir seine Handstümpfe hin und fragt: „GOTT liebt mich?" Ich kann nur stumm auf die Schwestern zeigen, die weiter angefaulte Stümpfe desinfizieren, salben, verbinden. Wie jeden Montag hier. Madhavan ist vor 7 Jahren heimlich aus dem Haus geschlichen, weil er seine jüngeren Geschwister nicht anstecken wollte. Und Kanapachary, der früher Sänger war, drängt, mich auf eine alte Holzkiste zu setzen. Mit brüchiger Stimme singt er seinen Schmerz hinaus, und am Bahndamm wird es still. Mein Herz kann die Bahndamm-Familien nie vergessen. Ach, wäre ich doch ein Damian!

Er ist das 7. Kind einer belgischen Bauernfamilie. Und auf den ihm zugewiesenen Inseln Puna und Kohala macht er es zuerst wie Franz von Assisi: Mit eigenen Händen baut er Kapellen für die ihm Anvertrauten. Und als sich niemand nach Molokai wagt, wo weder ein Arzt noch ein Seelsorger den Lepra-Kranken beisteht, da meldet sich Damian. Er weiß, daß er nie wieder zurückkehren darf und daß er selbst – noch ein junger Mann – dort tödlich gefährdet ist. Wenn er in Zukunft einmal beichten will, kann er seine Sünden nur dem Priester auf dem Postboot zurufen. Es ist schon erstaunlich, daß sie seine Briefe mitnehmen, die Europa aufrütteln und eine Flut von Hilfe nach Molokai lenken – weil einer, weil Damian vorangegangen ist. Er macht Mut. Er verbindet nicht nur, sondern verteilt Aufgaben. Er besiegt Verzweiflung. Als Missionar salbt er auch die Seelen. Er zeigt GOTT und JESUS als Hoffnung.

Ein kleines „Laster" ist ihm von daheimgeblieben: Seine Tabakpfeife, auch wenn er sie selten hervorholt. Doch Jungen beobachten ihn, um später die Tabakpfeife heimlich auszuprobieren – und ihn anzustecken. Ein langes Sterben – wie immer bei Aussätzigen. Bis zuletzt († 1889) dient er seinen Leidensgenossen. 1939 holt Belgien seine sterblichen Überreste nach Löwen. Über sein Leben werden in verschiedenen Ländern Filme gedreht. 1964 gründet Belgien eine Damian-Stiftung, die Lepra und Tuberkulose wissenschaftlich erforscht und den noch immer Millionen Aussatz-Kranken in 16 Ländern hilft. 2005 wählt eine große Mehrheit in Flandern Pater Damian zum größten Belgier aller Zeiten. 2009 spricht ihn Benedikt XVI. heilig. Denn Damian besiegt Aussatz an Leib und Seele, weil er tief glaubt und innig liebt. *PWP*

175

Der Mönch, der den Karmel reformiert – Johannes vom Kreuz

Als Junge im Jesuiten-Kolleg schon muß der kleine Spanier Juan de Yepes mithelfen, Geld zu verdienen, damit die Familie überleben kann. Der Vater ist früh verstorben. Juan, Johannes, wird Pflegehelfer und Almosen-Sammler für ein Krankenhaus. Vergeblich versucht er sich in mehreren Handwerken. Sein Herzens-Wunsch ist Dienst in der Kirche. Doch er geht nicht den angebotenen Weg als Krankenhaus-Kaplan, sondern tritt als Novize (18) bei den Karmelitern ein, einem Seelsorgs- und Anbetungsorden. Die Patres schicken ihn zum Studium nach Salamanca. 1567 wird er, 25 Jahre alt zum Priester geweiht. Nun will er jedoch in einen strengeren Orden, in den strengsten, den es gibt, zu den Kartäusern.

Da trifft er (25) Teresa von Avila, die heiligmäßige Reformatorin der Karmelitinnen. Gegen die Glaubens-Verwirrung in Mittel-Europa setzt sie einen opferbereiten Glaubens-Kurs. Sie sucht einen Priester, der den Karmel der Männer reformiert und erkennt in Pater Johannes einen von GOTT Durchglühten. Sie verspricht ihm, er werde die ursprüngliche Strenge der Karmeliter wiederherstellen. So bleibt er Karmelit und wird – außer seiner Reform-Tätigkeit – bereits 1568 als Beichtvater ins Städtchen Avila geschickt. Noch im selben Jahr gründet er das Reform-Kloster Duruelo. Als er nach 5 Jahren von Avila weggerufen wird, sieht Mutter Teresa in ihm einen „himmlischen und göttlichen Mann", so selbstlos ist er. In einem abbruchreifen Bauernhaus errichten die Patres Johannes und Antonio ihr

176

erstes Reform-Kloster. In ihren Zellen können die „Unbeschuhten" nur sitzen oder liegen.

Wenn sie unterwegs sind, nehmen die Wander-Missionare angebotene Mahlzeiten nicht an: „Was wir für GOTT tun, lassen wir uns nicht von Menschen bezahlen." Novizen melden sich. Wo schon ein Pfarrer ist, dorthin gehen die Mönche nicht. Im alten Orden wächst Widerstand gegen den Reformer, weil er sich gegen Rigorismus wehrt. Es soll sein Wort sein, das sich später in Teresas Stundenbuch findet: „Nichts soll dich ängstigen." 1578, bei einem Ordenskapitel in Toledo, einer beratenden Versammlung, wird Juan de la Cruz (35) verurteilt und gleich eingesperrt, ja sogar mißhandelt. Länger als 3 Monate in der mörderischen Hitze einer Dachkammer! Doch er singt sogar und feiert die göttliche Liebe. Eines Nachts aber knotet Pater Johannes seine Decken zusammen, benutzt sie als Seil und flieht – ohne verbittert zu sein.

Papst Pius V. und Gregor XIII. bestätigen beide Barfüßer-Orden, den für Männer und den für Frauen. Auch wenn sie fast am Verhungern sind, lehnt Johannes vom Kreuz ab, betteln zu gehen, sondern er betet. „Verrückt!" sagen pragmatisch denkende Zeitgenossen – doch jene verhungern nicht. Im Alter zieht sich Johannes in eine Wildnis zurück, um ganz für GOTT dazusein. „Aufstieg auf den Berg Karmel" heißt eines seiner Bücher. Doch die Bußwilligen laufen dem Einsiedler nach. Manchmal geht Pater Johannes in ein Spital, reinigt die Kranken und bringt ihnen etwas Leckeres, damit sie endlich essen. Er besorgt Arzneien. Zugleich verteidigt er die alte Ordens-Regel der Armut und des Gehorsams.

Das Generalkapitel in Madrid läßt ihn ohne das geringste Amt. Man hält ihn schon für zu alt. Ihm wird befohlen, nach Amerika zu gehen. Er lebt, was er einst geschrieben hat: „Du wirst umso mehr etwas sein, je weniger du in allem sein willst." Und: „In der Bedrängnis wende dich sofort an GOTT." Gehorsam, voller Freude zieht er zum Hafen, wird aber unterwegs schwerkrank. Da läßt er sich in ein nahegelegenes Kloster stärkster Gegner bringen. Während 4 Monaten erduldet er außer körperlichen Schmerzen auch noch böse Reden. Der Gründer zahlreicher Niederlassungen bittet uns: Unterwirf dein Denken, Erinnern und dein Herz GOTTES Freiheit. Begreife den Abstand zwischen Gut und Böse. „Ein einziger menschlicher Gedanke ist mehr wert als die ganze Welt. Dabei ist GOTT allein sein einzig würdiger Gegenstand." – „Wir gewinnen Liebe, wenn wir sie dahin bringen, wo es keine Liebe gibt." Und: Unserer Existenz sollen wir einen wesentlichen Gehalt an Ewigkeit und Liebe geben. Johannes umarmt sein Kreuz beständig. Kurz vor seinem Tod mit 49 Jahren läßt er sich das Hohe Lied der Liebe aus dem Alten Testament vorlesen. Singend stirbt er, 49 Jahre alt (1541-1591). 1675 wird er seliggesprochen, 1726 heilig. 1926 wird der Mystiker und Organisator zum Kirchenlehrer ausgerufen. *SR.A.*

178

Alphabetisches Verzeichnis der behandelten Personen:

179